U0639208

中小学主题班会设计

罗庆松 ◎ 主编

东北师范大学出版社

长春

图书在版编目（CIP）数据

中小学主题班会设计 / 罗庆松主编. — 长春：东北师范大学出版社，2020.7
ISBN 978-7-5681-7058-1

Ⅰ. ①中… Ⅱ. ①罗… Ⅲ. ①班会—中小学—教学参考资料 Ⅳ. ①G635.5

中国版本图书馆CIP数据核字（2020）第141168号

□策划创意：刘　鹏
□责任编辑：邓江英　刘贝贝　　□封面设计：姜　龙
□责任校对：刘彦妮　张小娅　　□责任印制：许　冰

东北师范大学出版社出版发行
长春净月经济开发区金宝街 118 号（邮政编码：130117）
电话：0431-84568115
网址：http://www.nenup.com
北京言之凿文化发展有限公司设计部制版
北京政采印刷服务有限公司印装
北京市中关村科技园区通州园金桥科技产业基地环科中路 17 号（邮编：101102）
2022年6月第1版　2022年6月第1次印刷
幅面尺寸：170mm×240mm　印张：15.75　字数：266千

定价：45.00元

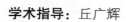

编委会

学术指导：丘广辉

主　　编：罗庆松

副主编：黄治超　罗雪娇　林　丹

编　　委：梁庆霞　黄　晨　曾中文

谢战军　叶映霞　曾巧文

邱少旭　谢　静　罗春霞

广东省教育科学"十三五"规划2016年度研究项目（德育专项）立项课题

"粤东山区中学班主任专业化发展的现状、问题及对策研究"项目成果

课题号：2016JKDY37

序 言

梅州中学以德促教，开展各类主题班会"同课异构"活动
——让班会课堂灵动起来
（代序）

在梅州中学"心理安全系列——自我与自信"的主题班会课上，初二（3）班侯润宇同学的身上贴满了便利贴，脸上却乐开了花。走近一看，原来便利贴上写的都是同学们的赞赏之言："可爱活泼""好相处""每天都笑容满面"……通过这样一个"优点贴贴贴"小游戏，不少同学"受宠若惊"地发现，"原来我有那么多优点啊！怎么以前我没发现呢？"

"真正成功的班会课，是让学生主动参与、乐于参与、全员参与，让学生自己在体验活动中发现问题、寻找问题和解决问题，达到主题教育的目的。"梅州中学副校长罗庆松告诉记者，为创新班主任工作，构建特色班级文化，该校从本学期开始在各年级开展形式多样的主题班会"同课异构"活动。

报纸截图

同样的主题，不同的体验

所谓"同课异构"，就是让不同班主任执教同一主题课，以展示各个教师不同的教育风格，搭建一个让广大班主任学习、交流、创新德育教育方法的大舞台。以梅州中学初二年级刚上完的两节"安全"主题班会课为例，温柳丹、谢静两位班主任充分利用自身特长，分别从防火安全、心理安全两个角度，帮助学生牢固树立校园安全意识。

温柳丹老师的"'火'热实践——锻造安全人生"主题班会课，课堂氛围生动活泼，教学设计环环相扣，给师生们留下了深刻的印象。她首先以如何熄灭酒精灯作引子，调动起学生的课堂积极性；然后通过展示学生在学校组织的"消防演习"中图片，播放《喜羊羊火灾逃生》视频，引导学生们主动思考，找出演习中的错误。随后，她还巧妙地安排了模拟教室火灾逃生、寻找身边消防设备、操作消防器材等实践环节，让学生在活动中学到实用技能。

素来喜欢研究心理学的谢静老师，则给学生上了一堂心理安全主题班会课。她以《温州高三学生跳楼事件》视频作为开头，引发学生思考心理安全的重要性，后又播放搞笑的《你敢不敢过？》心理视频，引得课堂笑声阵阵，接着进行"罗夏墨迹测试"、"还形填空"活动、"优点贴贴贴"活动……让学生在心理测试中认识自我，在游戏训练中体验自信。"这节课很有意思，玩得很开心，感觉我们就是课堂的主角。"课后初二（7）班的许劲同学感言，自己特别珍惜这节不一样的主题班会课，珍惜与同学、老师在一起的欢乐时光，珍惜课上便利贴中的"小幸福"。

教育方式不应"年年十八"

作为教师，要拓宽视野，积极关注学生喜闻乐见的热点，创新教育教学方式，使教育主题符合当代学生的心理特征，具有广泛的教育性、参与性和可接受性。

谢静老师说，讲课内容使学生产生了共鸣，自然就能引起学生的兴趣；然后再通过活动的形式，加深学生的切身体会。活动中，学生既认识了自我，找到了自信，还感受到自己与同学、老师和班级之间关系的重要性。

　　"老师要改变观念，将填鸭式、说教式的传统模式变为引导式、体验式的积极模式，将德育渗透到教学中，让学生主动思考。"该校副校长罗庆松认为，教师永远不能落后于学生，教学方式也不能"年年十八"。经营好一节主题班会课，要学会搭配运用目前流行的幸福课和团体活动等操作形式，结合当前热门信息、电视节目等，激发学生的积极性，达到教育教学事半功倍的目的。

《梅州日报》记者　王玉婷

　　（2014年5月12日《梅州日报》教育周刊对梅州中学主题班会"同课异构"活动的报道）

打造主题班会阵地　抓好学生思政教育

（自序）

　　呈现在你眼前的是一本有关中小学主题班会设计的书。作为广东省德育示范学校，梅州中学一直以来坚持"德育为首，教学为主"的教育方针，注重德育在教育教学活动中的渗透，以实现育人目的。学校自2014年开始开展主题班会"同课异构"活动。在2016年申请立项广东省教育科学"十三五"规划2016年度研究项目（德育专项）"粤东山区中学班主任专业化发展的现状、问题及对策研究"中，把主题班会作为班主任专业化能力发展的研究重点。同时，借助学校广东省林丹名班主任工作室的平台，在市区级的部分中小学中积极开展各类主题班会展示课，并在《班主任之友》《梅州日报》等省市级报刊中发表和报道，具有一定的区域辐射影响，促进了山区班主任专业化能力的发展。

一、主题班会课的重要性

　　2019年3月18日，习近平总书记在北京主持召开了学校思想政治理论课教师座谈会。在会上他强调，办好思想政治理论课，最根本的就是要全面贯彻党的教育方针，解决好"培养什么人、怎样培养人、为谁培养人"这个根本问题。班会课是贯彻国家教育教学方针政策，体现学校育人理念，凝聚班集体，实施思想政治教育的重要阵地。但是，由于众所周知的原因，主题班会课是超脱教师专业的一节课。一名师范生在大学教育中可能接受过各种各样如何上好专业课的培训学习，却从来没有接受过如何上好一节班会课的培训，这是新教师对主题班会课重要性认识上的先天不足。在我们现行的学校教育中，刚毕业的师范生是班主任工作的主力军，但他们对主题班会课的重要性认识不足，仅仅满足于对学校管理制度的上传下达，再加上部分老教师的言传身教，利用主题班会课来进行教学，使他们在意识上忽略了主题班会课备课能力的发展。

如果我们把学校、班级、教师和学生比喻成一台电脑的配置，思想就是控制电脑的软件。如果电脑的配置高，但是软件的版本低，电脑依然无法发挥最好的效能；如果电脑配置低，但是软件的版本高，电脑根本运行不了；如果电脑的配置一般，但是软件的版本配置合适，电脑反倒能够发挥最大的效能！这就是为什么同样的学生，同样的班级，在不同的班主任手里，会有不同的发展，可见思想的引领是非常重要的！

班会课恰恰就是思想工作的前沿阵地！它的重要性不言而喻，它是做学生思想工作的必要条件，是教师对班级管理理念的体现，更是班级文化管理的关键！所以，我们不能忽视主题班会课，不能流于形式和应付，而是要将主题班会课作为一种对学生、对班级实施有效引导，具有较强针对性和可操作性的集体性活动。

二、如何开展主题班会课

我们已经认识到主题班会课对于班级文化建设和思想引领的重要性，但是，应该如何来开展主题班会课呢？正如前文所述，很多班主任都是由专业课老师兼任的，他们从来没有接触过"班会课"这一专业科目，对于如何开展班会课这个问题，也是见仁见智，各人从各人的经验出发。大多数的主题班会课存在以下问题：

（1）无准备班会。班主任认为不需要准备，按照学校的要求做即可，颇有"脚踩西瓜皮，溜到哪里算哪里"的意味。

（2）训斥式班会。把主题班会课当作一个训斥、教训学生的机会，特别是当班级里出现一些问题的时候，采用简单粗暴的方式，没有好好思考如何针对问题采取合适的措施。

（3）包办式班会。一节主题班会课，教师在讲台上洋洋洒洒、滔滔不绝讲道理，底下学生却昏昏欲睡、无动于衷，此类包办式主题班会课存在现象比较普遍，但是教育效果不甚理想。

（4）应付式班会。学校有任务布置，教师不得不进行相关主题的班会课，用以应付学校的检查。

以上在我们现在的学校班级管理中是普遍存在的问题。出现这些问题的原因何在？一是教师重视不够，认为学科科目才需要好好备课，一周一节的主题班会课无足轻重；二是因学校的任务繁重，教师不知道如何处理好班级主题班会课和学校任务之间的关系；三是教师不知道如何开展一节具有良好教育意义的主题班会课。其实，要开展好班会课，特别是主题班会课，还是要遵循一定原则的。

第一，确定好班会课的主题。怎样确定好班会课的主题，这是一个首先要解决的问题。那么，作为班主任，我们应该如何确定主题呢？我想，有以下两个方面值得大家参考：

（1）根据学校的中心任务确定主题。学校的德育部门在开学初都会制订一学期的德育计划，其中每周的班会课主题也包含在其中。班主任要对这份德育计划重视起来，因为这些计划都是针对教师在本学期各个阶段的思想工作、各种节令和有教育意义的纪念日制订的。这些主题一般都是经过学校多年的实践，证明其是行之有效的主题，班主任必须解读好这份德育计划，对这些主题做到心中有数。

（2）依据班级实际情况，如利用一些事例、事件来确定主题。除了学校的德育计划外，班主任还要根据学生的学习生活、思想动态确定班会主题。可结合学校最近的政策和班级、学校最近发生的问题，如学生染烫发、打架、在宿舍闹矛盾等情况确定班会课主题。为什么我们要重视和落实好主题班会课呢？因为主题班会课就是要针对具体事件去设计、实施教育。主题的确定必须要针对学生中普遍存在的典型思想问题，根据学生的年龄阶段及身心特点，思想发展的脉络，结合学校、家庭、社会生活实际，针对学生在思想、学习、生活方面出现的问题，广泛选取题材，进行筛选、提炼、策划、组织，及时对学生进行教育。

第二，注意主题班会课的形式。开好主题班会课，除了要确定好主题之外，还必须注意形式的多样性、生动性和可接受度，这样的主题班会才能取得事半功倍的效果，真正起到教育意义，对班级文化建设有促进作用。一般来说，主题班会课有以下几种形式：

（1）讨论式主题班会课。

（2）交流式主题班会课。

（3）文艺型主题班会课。

（4）竞赛式主题班会课。

（5）纪念性主题班会课。

（6）体验式主题班会课。

教无定法，每种形式的主题班会课都有其优缺点，如何取舍，取决于教师个人对主题班会课的把握程度以及个人的能力。例如，有些教师的口才非常好，就可能对讨论式、交流式的主题班会课把握得更为到位，使班会课不至于沉闷、枯燥；有些教师的个人魅力强，具有一定的才艺，那么他们对于文艺型、竞赛式和纪念性的主题班会课的把握就会手到擒来。

除了以上的常规形式，我想特别推荐现在比较流行的体验式团体操作课和幸福课形式。此类体验式的主题班会课可以让学生在体验活动中自我发现问题、解决问题，无论是在课堂的效果上还是教育的效果上都大大超过其他常规形式。这一形式也是笔者在多年的德育工作中不断深入探索的形式，取得了较好的效果。

本书汇集了学校不同年级的"同课异构"主题班会课、公开课、广东省名班主任工作室成员和梅江区德育教育骨干示范课的案例，具有较好的借鉴意义。限于水平，疏漏在所难免，欢迎同行指正批评交流。

梅州中学德育副校长　罗庆松

2019年3月

目录

第四章　目标理想

第五章　学习规划

第六章　青春话题

第七章　安全教育

第一章

爱国主义

1

平凡的世界　英雄的守护

梅州市梅州中学　罗庆松

【活动适用年级】

初、高中年级。

【教学形式】

小组讨论。

【参加人员】

班主任、全体学生。

【活动背景】

针对现在社会上调侃、污蔑、诋毁我们国家英雄的不良现象，利用新近上映的影片《复仇者联盟3：无限战争》中虚拟英雄的事迹和川航成功备降的事例引发学生对"英雄"的思考；对学生展开辨析教育，让学生讨论英雄行为的产生根源，帮助学生明白众多的英雄都来自平凡的人，让学生尊重英雄，学习英雄，关爱英雄，捍卫英雄，在讨论中形成正确的爱国主义观念。

【活动目标】

（1）让学生了解何谓"英雄"，以及英雄行为产生的原因。

（2）让学生学会分辨和质疑诋毁英雄的不良现象，激发学生的爱国主义精神，帮助学生树立正确的人生观和爱国主义精神。

【活动方法】

小组自由讨论等。

【活动准备】

各类英雄事迹材料，PPT。

【活动过程】

步骤一：引入

（1）用新近上映的电影《复仇者联盟3：无限战争》引入英雄话题。

（2）介绍2018年5月14号川航的备降事件，提出问题，引起思考。

课堂实录

师：同学们，最近美国漫威漫画公司的英雄系列电影《复仇者联盟3：无限战争》正式上映，大家对漫威的英雄们了解有多少？

（随机提问几位学生，大多数学生能随口说出他们喜欢的漫威英雄。）

师：非常好！看来大家对漫威的英雄们都非常熟悉。接下来，我想问的是，假设有架飞机在万米的高空，在零下50摄氏度，在飞机高速运转的情况下突然失去控制，哪位英雄能拯救飞机上的全部乘客？

生："钢铁侠！"

师：好的。（展示微博内容）很普通的一条消息，是吗？

生（异口同声）：是的。

师：但是，在这条普通的消息背后，却注定2018年5月14日是中国航空史上很重要的一天！

生：为什么？

师：因为在这一天，发生了一件非常了不起的飞机备降事件。当日早晨六点多，一架航班号为3U8633的飞机从重庆起飞，前往拉萨。当飞机飞到四川雅安市宝兴县境内时，却展开了一场空中生死时速大决战。飞机驾驶舱的右前挡风玻璃突然破裂了！挡风玻璃破裂意味着什么呢？我们一起来看看这几张对比图片。（展示几张对比图片。）

师：这是一张摩托车时速100 km/h的图片，大家可以看到驾驶员没戴头盔的样子，脸都变形了。（学生笑了起来）那大家知道当时飞机的时速是多少吗？

生：不清楚。

师：800 km/h！大家来看看事后飞行员衣服的图片。（展示图片）

生：天啊！被风撕碎了！

师：是啊！而且，我们都知道海拔越高气温越低。比如我们熟知的珠穆朗玛峰，海拔8844 m，山顶最低温达到了−60℃！而当时飞机的高度达到将近10000 m，大家说飞机周围的温度达到了多少。

生：-40℃～-50℃！

师：是的！当时的情况不仅是气温低，飞机飞行速度快，而且飞机大部分仪器都失灵了，全机128人的生命危在旦夕！这个时候会不会有"钢铁侠"出现？

生："钢铁侠"不存在啊！

师：确实，"钢铁侠"没有出现。但是幸运的是，在这个危急关头，机长刘传健挺身而出！他硬是顶着风速，裸眼手动操作，让飞机安全备降，拯救了全机128人的生命！这样的备降记录可以说是极为罕见的。2018年6月8日，川航3U8633航班机组被授予"中国民航英雄机组"称号，机长刘传健被授予"中国民航英雄机长"称号！让我们为他们热烈鼓掌吧！

（全体师生热烈鼓掌。）

（设计意图：通过把电影中虚拟的英雄和川航事件的报道联系起来，设置问题与学生互动，引入主题，初步树立学生的英雄观念，为下一环节做铺垫。）

步骤二：平凡世界的"超级英雄"

（1）展示周围发生的诸多英雄事迹。

（2）让学生分享自己或朋友做过的最符合英雄事迹的事。

（3）小组讨论：①为什么总有一些平凡的人做出英雄才能做出的事迹？②英雄一般具有什么样的品质？

课堂实录

师：同学们，在此事件之前，我们对刘传健机长一无所知，却对美国漫威系列的虚拟英雄耳熟能详。但是，现在我们知道了川航有这么一位沉着冷静、技术精湛的英雄机长。其实，在我们这个平凡的世界里，总有一些英雄在默默地守护着我们。

（介绍国内各地的英雄事迹。）

2011年7月2日，杭州，一个2岁女童从10楼坠落，吴菊萍奋不顾身地冲过去用左臂接住孩子，孩子得救了，而她的手臂骨折。她被称为"最美妈妈"。

2011年7月7日，梅州，梅江分局刑警张启维、周伟林在抓捕行动中被犯罪嫌疑人刺伤，但两人不顾血流不止的伤口，合力将犯罪嫌疑人制服。随后两人被送往医院急救，差点因失血过多而牺牲！事后两人被授予"全国公安系统二级英雄模范"称号。

2012年6月3日，广州，3岁女童琪琪失足悬挂4楼阳台，路人周冲徒手爬上3楼防盗窗，将女童托举达十余分钟，使琪琪成功获救，被称为"托举哥"。

2017年1月8日，吉林，国际知名战略科学家、中国著名的地球物理学家、国家"千人计划"专家黄大年，因病医治无效逝世，享年58岁。黄大年留学英国18年，回国前他在英国住花园别墅，妻子经营着两家诊所。2008年，中国开始实施"海外高层次人才引进计划"，他用最短的时间辞职，卖掉别墅和诊所，办了回国手续。回国后，黄大年推动了我国快速移动平台探测技术装备的研发，突破国外技术封锁，被誉为新时代海归科技报国的楷模。

2018年2月11日，北京，西单大悦城两张"最美逆行"照片刷屏：当看到歹徒行凶时，女警渠立萌手持伸缩警棍，目光坚毅，保持着战斗姿态向歹徒的方向冲去；商场保安马宏伟，抄起一把椅子，逆着奔跑的人群挺身而出，义无反顾地朝危险奔去……

2008年，四川汶川大地震中，一位母亲在房屋倒塌的瞬间，用身体护住了只有几个月大的孩子。当救援人员发现这位母亲时，她的身体仍保持着保护孩子的姿势。在她身体下面躺着的孩子，因为母亲身体的庇护而毫发未伤。包着婴儿的被子里有部手机，上面有条写好的短信："亲爱的宝贝，如果你能活着，一定要记住我爱你。"

（教师声情并茂地介绍，学生认真观看，深受感动。）

师：大家看看这些出现在全国各地，在我们身边的英雄们，是像美国漫威漫画里的英雄角色一样具有超能力还是像刘机长一样平凡如你我？

生：都是平凡的人！

师：确实，这些英雄都没有超能力。他们都是普普通通的人，就像你、我、他。或许，他们就是每天与我们擦肩而过的路人，如此平凡，不引人注目。但是，当危险来临，他们却总会挺身而出！现在，请大家想一想并讨论一下，你自己或者你身边的人曾经留下的英雄事迹，然后和大家分享，好吗？

（经过一番讨论。）

生1：我曾经在公交车上看到一个小偷正在行窃，当他快成功的时候，我不知道哪里来的胆量，大声地制止他。当时，他非常吃惊，不仅骂我多管闲事，还想要打我。好在旁边的几位叔叔阿姨站了出来，公交车司机也发出警告说已经报警，他才灰溜溜地下车逃走了。不过，后来我有点后怕，要是当时没人站出来，我可怎么办啊！

生2：我和班里的几位同学曾经在路上遇到一位摔倒的老奶奶，当时正是讹诈事件频出的时候。一开始，我们都有点犹豫，不知道该去扶她还是不扶。后来大家一商议，决定还是勇敢地去把她扶起来，并打电话给110、120和她家人。后来，她的家人很感谢我们，我们都觉得这件事做对了！

生3：去年暑假，我们在泮坑锻炼身体时，听到水库旁边有人在喊救命。原来是有人溺水了，我们不会游泳，只能在岸上干着急，到处喊人和找竹竿。所幸有位阿伯熟悉水性，衣服都没脱就跳入水中把落水的小朋友救上岸了。

师：同学们，非常感谢大家的分享！没想到同学们做了那么多好事！在我们的生活中，确确实实总会或多或少碰到让自己觉得感动的人或事。现在我想请大家一起来讨论以下两个问题：①为什么总有一些平凡的人做出不平凡的事？②英雄一般具有什么样的品质？大家也可以结合刚才自己的分享来讲。

（分享阶段。）

生1：我们生来就是平凡人。在面临困难和灾难的时候，大部分人会选择回避和自保，但是总有一些人在危急关头选择挺身而出。很多同学都说我表现得像英雄一样。其实，大家都知道我平时很胆小，说话都不敢大声说。只是，在我呵斥小偷的时候，我确实没有想那么多，只是觉得这是犯罪行为，我必须要制止，不能让那位阿姨遭受损失。

师：平凡的想法，勇敢的行为！让我们为××同学热烈鼓掌！老师也希望，下次遇到这种情况，除了选择大声呵斥之外，我们还可以试试其他方法，如偷偷录像、记住小偷的容貌，然后报警；或者故意去撞一下那位阿姨，偷偷地提醒她一下。毕竟，你只是一名小女生，自身的安全也很重要。老师觉得你具有英雄的品质之一——勇敢！

生3：老师，当我在岸上看着阿伯救人的时候，我也恨不得自己会游泳，可以下水救人！所以，这件事过后，我专门去报名学游泳，不一定是为了救人，但是以后起码可以自救！（全班大笑）

师：非常好！虽然你没有下水救人，可是你和小伙伴在岸边喊人和找竹竿的行为，已经说明你非常棒，在关键时刻能够尽可能想办法。老师也非常赞赏你。我想，你也道出了英雄的另外一个品质——专业！川航的刘机长为什么能够在万米高空，顶着超低温，裸眼手动操作飞机，成功备降？因为在转民航之前，刘机长曾经在空军服役15年。作为教练，他培养了30余名飞行员，安全飞行2700余个小时，模拟飞机危情脱险上百次，并且这条川藏航线他已飞行100余次，对航线情况非常熟悉。所以，此次危机的化解得益于刘机长镇定的心理素质、过人的飞行技能和千锤百炼的专业素养！

生4：老师，我在这么多的英雄身上看到了另外一个品质——爱！对孩子的爱，对家庭的爱，对国家的爱！

师：非常棒！同学们，有句英语名言说得好，"Love makes world go around！"爱是一切的根源！英雄之所以是英雄，是因为他们把对朋友、家人、家庭、学校和国家的爱深植于心，所以在危急关头，才能迸发出无穷的力量，挺身而出，超越自己，超越平凡！他们就是我们平凡世界的超级英雄！

（设计意图：介绍众多平凡的"英雄"人物，让学生明白英雄来自平凡的人群。让学生通过分享和讨论，明白英雄行为的根源和英雄所拥有的品质，敬佩英雄，赞美英雄，学习英雄，为下个步骤的升华做好铺垫。）

步骤三：英雄——值得我们敬重

（1）展示现在社会上对英雄的污蔑、诋毁等不良现象。

（2）让学生针对这些言论发表看法。

课堂实录

师：同学们，我们之所以能生活在这个平凡的年代，过着幸福美好的日子，是因为有那么多平凡世界的"超级英雄"守护着我们。可是，这些年，个别别有用心的人却在以历史研究之名，质疑、抹黑甚至诋毁那些为我们争取幸福的"超级英雄"。现在网络发达，信息良莠不齐，有些英雄可能大家不是特别熟悉，老师现在就把一些英雄的事迹和网络上的谣言一一为大家道来。

（展示网络上的谣言和英雄的事迹。）

生1：网络提供给我们大量的信息，可是我们还没有辨别的能力，以后我们可不能人云亦云了。

生2：这些人太坏了。怎么可以诋毁为我们国家和人民付出生命和鲜血的英雄？

生3：向我们国家的英雄致敬！

（学生纷纷发表看法。）

师：同学们，英雄和烈士是一个国家和民族精神的体现，是引领社会风尚的标杆，加强对英烈姓名、名誉、荣誉等的法律保护，对于促进社会尊崇英烈，扬善抑恶，弘扬社会主义核心价值观意义重大。即使是我们刚才提到的刘传健机长，在网络上也有不少自媒体为了吸引眼球和流量，在对其散布所谓的"理智"看法。刘机长不操作飞机，他们坠机也活不了，质疑机组平时不认真检查飞机的设备安全。他们用一些看起来"合乎常理"的推论，一本正经地"胡说八道"！如果一切都以常理推断，该跑的跑，该躲的躲，该无视的无视，哪里还有什么英雄和烈士呢？正是因为他们的行为与众不同，才令人崇拜，才无愧于"英雄"这个称号！

清代学者龚自珍说过："欲要亡其国，必先灭其史；欲灭其族，必先灭其文化。"污蔑一个国家的英雄人物，是达成这一目的比较常见的一种手段。苏联从内部分化瓦解，就是从否定他们的英雄开始的。20世纪末，一批打着"还原历史"旗号的"社会精英"们，接连抹黑苏联人民心中的英雄。他们说不惧严刑拷打、慷慨就义的科舍沃伊的故事是他精神失常的母亲编造的；他们说女英雄卓娅烧掉的不是德军的马厩和草料，而是村民的木板房；就连列宁，也被恶毒攻击谩骂。结果英雄一个接一个地倒下了，继而苏联国民集体信仰的崩塌和文化人格的扭曲，随之便是整个国家的解体分裂和动荡不安。

我们作为新一代的中国人，绝不能坐视这样的悲剧发生在自己的国家，不能让我们国家的英雄们"流血又流泪"！既然我们对美国虚拟的"超级英雄"耳熟能详，为什么不能够牢牢铭记住这些平凡而伟大的英雄们？习近平总书记曾强调："实现我们的目标，需要英雄，需要英雄精神。""我们要铭记一切为中华民族和中国人民作出贡献的英雄们，崇尚英雄，捍卫英雄，学习英雄，关爱英雄。"希望我们擦亮双眼，继承先辈们的光荣传统，奋勇开拓，维护祖国的繁荣和昌盛。

（设计意图：针对现在社会上质疑、调侃、污蔑、诋毁我们国家英雄的不良现象，对学生展开辨析教育，让学生明白正是因为我们的国家拥有这么多爱国、爱家、爱人民的英雄，我们才拥有今日幸福美好的生活，从而升华学生对英雄的感情——崇尚英雄、捍卫英雄、学习英雄、关爱英雄。）

步骤四：目标宣传栏

在班级里布置一块"我的英雄"的宣传栏，要求学生写一写自己喜欢的一位英雄的事迹及其身上所拥有的值得学习的品质，树立目标，升华情感。

（设计意图：提升本次班会课的效果，升华学生对英雄的敬佩之情，让学生学习英雄身上的高尚品质。）

弘扬优秀传统文化　增强爱国主义情怀

梅州市梅州中学　梁 艳

【活动适用年级】

高三年级。

【教学形式】

全班合唱、朗诵、小组讨论、书法剪纸。

【参加人员】

班主任、全班同学。

【活动背景】

12月份的第一周班会课。圣诞节即将临近，学生对西方节日的热情日渐高涨。可通过中西方文化对比让学生感受中国的传统文化项目，加强学生对中华优秀传统文化的了解，增强中国文化意识和文化自信。

【活动目标】

（1）促进学生对中华优秀传统文化的了解，增强中国文化意识。

（2）高三的学生应当以实际行动去表现爱国，从周围身边的小事做起，爱班爱校。在学习上，脚踏实地、勤勤恳恳、不畏困难，这样才能实现梦想，为祖国的建设添砖加瓦。

【活动方法】

朗诵、小组讨论、全班合唱。

【活动准备】

（1）漫画、毛笔、宣纸、剪刀、大红纸。

（2）《歌唱祖国》《大中国》《茉莉花》的伴奏。

（3）活动PPT。

【活动过程】

步骤一：漫画导入

教师提问学生，在西方国家和中国最重要的节日分别是什么？然后投影漫画，提问学生哪个更重要，然后引出本节课的主题，弘扬优秀传统文化。

📖 **课堂实录**

师：在中国最隆重的节日是哪个？在西方国家呢？

生1：在中国是春节，西方国家是圣诞节。

师：现在很多年轻人更注重西方的节日，追求时尚和狂欢。而我们中国的传统节日似乎被冷落了。大家对这种现象有何看法？

生2：我们是中国人，不能忘记我们的传统节日。

师：对，我们不能崇洋媚外，要理性对待洋节日。我国传统节日源远流长，如春节、中秋节、端午节等等。

（设计意图：我们的传统节日正一点点地被淡化，面对洋节日的犀利攻击，中国传统节日受冷落。通过中西方节日的对比，引导学生不要盲目过洋节，要重视自己国家的节日。）

步骤二：说说"我"眼中的传统文化，了解中华优秀传统文化的内涵

📖 **课堂实录**

师：同学们，你们能列举一些中华优秀传统文化吗？

生1：中国书法、水墨山水画、篆刻印章。

生2：京剧、长城、故宫、秦始皇兵马俑。

生3：梅州市五华"下坝迎灯"闹元宵。

生4：客家人热情好客，勤劳朴实，我觉得也是优秀传统文化。

（设计意图：从学生熟悉的传统文化到优秀传统文化，由表及里，层层深入，使学生对优秀传统文化有一个全面的了解。）

步骤三：中华优秀传统文化知识抢答

把学生分成4个小组，进行小组比赛，并宣布比赛规则。赛后，对优胜小组，奖励奖品。（知识问答内容略）

（设计意图：设置小组抢答环节，活跃气氛，增进小组内成员的合作。）

步骤四：传统优秀文化活动展示

在音乐《茉莉花》伴奏下，让学生依次表演书法、剪纸，朗诵《少年中国说》。

（设计意图：让学生亲身感受到中华优秀传统文化的魅力，激发他们的爱国情怀。）

步骤五：高考激励

高考将至，教师引导学生思考"如何全力以赴，备战高考？"全班同学大声齐喊班级口号："刻苦训练，无怨无悔！齐心协力，再创辉煌！"接着，要求学生在黑板上签名，以表冲刺高考的决心！

（设计意图：联系实际，高三学子要弘扬中华优秀传统文化，践行社会主义核心价值观，就必须爱班、爱校和爱国。在学习上，要脚踏实地、勤勤恳恳、不畏困难，这样才能实现梦想，为祖国的建设添砖加瓦。）

步骤六：全班齐唱《歌唱祖国》和《大中国》，抒发爱国主义情怀

师：同学们，唱歌能陶冶情操，升华我们的情感。让我们歌唱美好的祖国，希望我们的祖国会越来越繁荣，越来越强大！（师生齐唱《歌唱祖国》和《大中国》）

（设计意图：让歌声传递爱国情怀。鼓励学生作为祖国未来建设的主力军，要好好学习文化知识，用先进的知识武装自己，用社会主义核心价值观指引自己，大力弘扬中华优秀传统文化，为实现中国梦发光发热！）

美丽祖国　爱我祖国

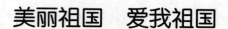

——爱国主义之地理主题教案

梅州市梅州中学　彭达强

【适用年级】

高中。

【教学形式】

传统教学、多媒体、活动讨论。

【参加人员】

高三（4）班学生。

【活动背景】

爱国主义是对自己祖国的一种深厚情感，是中华民族的传统美德。爱国主义教育是对青少年加强道德教育的重要内容。爱国主义不是一个抽象概念，它体现在中学九大学科之中，也体现在现实生活中。以爱国主义教育为主题的课堂，能弘扬民族精神和爱国热情，激发学生学习积极性。

【活动目标】

在中学地理教学中进行爱国主义教育，要选择合适的教学方式，将爱国教育融入地理教学中。本课以旅游地理的视角来开展爱国主义教育，开阔学生视野，使其了解祖国的壮丽山河，增强民族自尊心、自信心、自豪感和责任感。

【活动方法】

以多媒体教学和旅游线路设计为主。

【活动准备】

课件、视频、梅州旅游景点分布图。

【活动过程】

步骤一：美丽中国——"以图认地"

（1）展示中国地图及中国政区图；让学生了解中国最高山峰，最大的高原、草原、盆地、岛屿，最长的河流。

（2）展示中国地形图，考查学生对中国地形及主要山脉的了解程度。

（3）展示"中国之最"相关图片，让学生了解中国版图，以及中国省份名称，省会和主要大城市分布。

（设计意图：了解祖国情况，激发学生的求知欲和自豪感。）

步骤二：播放视频：浓缩版《超级工程Ⅱ》之中国路

（设计意图：使学生了解现阶段中国发展之快、变化之大，了解中国工程在国家乃至世界之伟大，增强民族自豪感。）

步骤三：展示中国著名旅游景点风景图、梅州景点分布图及《航拍梅州》视频

（1）展示中国著名旅游景点风景图：从旅游角度拓宽学生视野，使学生从感观上认识祖国风景秀丽的大好河山。

（2）展示梅州景点分布图，播放《航拍梅州》视频，从另一角度使学生对家乡梅州有一个新的认识，增强学生的家乡情怀。

课堂实录

师：同学们，你们都对景点图中哪些景点有所了解？

（大部分学生会抢答梅州附近的景点，如中国客家博物馆、百岁山、阴那山、五指石、雁鸣湖、文化公园、剑英公园、亲水公园、归读公园、梅花山、泮坑、客天下等。）

师：那你们都去过哪些地方呢？

（学生回答的都是城区附近的景点，如中国客家博物馆、百岁山、文化公园、剑英公园、亲水公园、归读公园、梅花山、泮坑、客天下。）

师：生活在梅州，享受慢生活.梅州景点多，景色优美，吸引了很多外地人来梅州旅游。城区很多景点咱们都去过，都亲身体验过梅州的秀美风光。但是大家是否从另一个角度欣赏过梅州呢？现在请大家欣赏《航拍梅州》视频。

（3）《航拍梅州》视频（视频源自优酷）。

（看完视频，学生对其称赞不绝。梅州景点众多，景色优美，学生身心已经置于课堂之外了。）

师：现在咱们一起做一个活动，如果给你们一天时间，在城区附近进行旅游活动，你们会怎么安排旅游的时间、选择哪些景点、计划怎样的旅游具体过程呢？班里有8个小组，请各位同学按小组进行讨论，设计"梅州一日游"。

师：讨论之前，请大家看看白板上的这幅图——旅游活动设计图，请同学们在做攻略之前，了解旅游活动设计要注意的事项。

（该部分内容衔接至步骤四：梅州一日游线路设计。）

步骤四：梅州一日游线路设计

1. 展示线路设计的要求

引导学生了解旅游活动设计要注意的内容，让学生小组内讨论线路设计内容，然后展示旅游攻略设计的具体内容及预选的景点图，如图1所示。

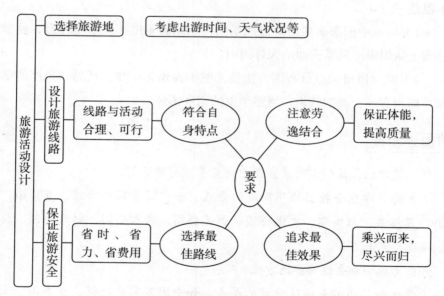

图1 旅游活动设计图

2. 展示旅游攻略设计内容及预选景点

旅游攻略设计及预选景点如图2所示。

旅游攻略设计内容：	预选景点：
一、线路名称	1. 中国客家博物馆
二、线路主题	2. 百岁山
三、景点介绍	3. 梅江河畔（亲水公园、归读公园）
四、线路介绍、具体行程安排	4. 剑英公园
五、选择景点、线路的目的和意义	5. 客天下旅游景区
六、线路的优点与不足	6. 泮坑风景区
七、经费预算	7. 高观音
八、行前准备及安全	8. 梅花山

图2 攻略设计及预选景点

3. 活动讨论

学生自选2~4个景点进行梅州一日游的旅游线路设计，以小组为单位讨论，并做好线路设计。

4. 活动总结

各小组依次发言，教师总结学生路线设计的优缺点。

课堂实录

师：由于时间有限，现在请两个小组的代表来谈谈你们的"梅州一日游"，先请第3小组谈谈你们的预选景点及线路设计。

生1：（小组派代表发言）

选择景点：中国客家博物馆、百岁山、梅江河畔（亲水公园、归读公园）

1. 线路名称

城区一日游。

2. 线路主题

欢乐、友谊、锻炼。

3. 景点介绍

该线路设计主要以游览百岁山、梅江河畔的自然风光、中国客家博物馆，了解其历史文化习俗为主。需要游玩之后再来总结。

4. 线路介绍、行程安排（见表1）

（注：旅游前所需物品在前一晚已经准备完毕）

表1　旅游活动表

时间	地点	内容
7：30	学校集合	搭公交车到百岁山
8：00—10：00	百岁山	游览百岁山和天伯公两座山
10：30—11：15	中国客家博物馆	游览博物馆，了解客家民俗文化
11：45—14：30	东山中学附近的饭馆	吃午饭及休息
14：45—17：30	梅江河畔	游览亲水公园、院士广场、归读公园
17：30		一天游玩结束，各自坐公交车回家

5. 选择景点、线路的目的和意义

（1）三个景点离学校不算很远，时间容易把控，线路设计较为合理。

（2）从目的和意义来看，跟我们的线路主题"欢乐、友谊、锻炼"一致，这样的活动可以真正丰富我们的课外生活。

6. 线路的优点和不足

优点：选择的景点离学校近，且有公交车直通，时间安排合理，这样的线路所需经费也不会太多。

线路选择既有自然风光，也有人文景色，符合区域地理特征学习。学生能体验百岁山美丽的自然景观，了解客家文化习俗，下午及傍晚又可欣赏梅江河畔日落景色。

不足：没有不足，我们是最好的。

7. 经费预算

车费10元/人，午饭15元/人，饮料、矿泉水约14元/人，人均大约30元。6人共计180元。

8. 行前准备及安全措施

藿香正气水、止血贴、云南白药，雨具、登山拐杖、墨镜、太阳帽，等等。

发言完毕，谢谢！

师：准备很充分，景点选择及线路设计合理，可操作性强，而且小组很有信心完成这次旅游活动，很好！但是小组集体外出活动要多注意安全。

现在再请第7小组来谈谈你们的景点选择和线路设计。

生2：（小组派代表发言）

选择景点：泮坑、高观音庙。

1. 线路名称

梅州一日游。

2. 线路主题

登高望远、挑战极限。

3. 景点介绍

该线路设计主要以游览泮坑水库和攀爬高观音岩为主。这两个景点相邻，依山傍水，景点的选择和线路设计实践性强。

4. 线路介绍、行程安排（见表2）

（注：旅游前所需物品在前一晚已经准备完毕）

早餐已在集合前吃完。

表2　旅游活动表

时间	地点	内容
6：50	学校集合	搭1路公交车到泮坑水库，耗时50分钟
7：50—8：20	泮坑水库	沿长廊步道徒步欣赏泮坑水库及长廊
8：30—11：00	高观音	沿山道爬山。该条线路耗时约2小时30分
11：30—13：30	高观音	拜观音、吃斋饭、午休
14：00—16：00	泮坑水库	下山耗时约2小时
17：00—20：00	火车站附近餐馆	一天游玩结束，爬山耗费体力，一起吃晚饭后回家

5. 选择景点、线路的目的和意义

（1）景点选择梅州附近最高的一座山，有一定的挑战性，具有吸引力，虽然离学校较远，但我们可以安全到达。

（2）会当凌绝顶，一览众山小，登高望远，挑战极限，年轻就要有拼劲，这就是我们选择和设计线路的目的和意义。

6. 线路的优点和不足

优点：

（1）爬城区附近最高的山，爬上去后会有一种收获成功的喜悦，尽管离学校较远且山路漫长狭窄，但是一天的时间足够了。

（2）从学校附近到泮坑有直通的公交车，有了交通的保障，剩下的山路，是我们年轻人的强项。

（3）爬到高观音庙后，诚心拜拜观音，祈福身体健康、学业有成。

不足：距离远，山路漫长，耗时较多，体力损耗大。爬山途中可能会有一定的安全问题，需要考虑到。

7. 经费预算

车费2元/人，午饭25元/人，饮料、矿泉水约15元/人，晚饭18元/人，人均约60元。6人共计360元。

8. 行前准备及安全措施

饮料、矿泉水、零食（补充体力）、药品、登山拐杖、雨具、太阳帽等。

发言完毕，谢谢！

师：你们组的主题很好，登高望远，挑战极限，年轻人就是要有拼劲，选择景点虽然离学校较远，而且山路困难重重，但你们却能克服各种困难，完成你们设计的旅游线路，也希望你们在高中生涯中，能保持这股拼劲，把握青春，绽放自己。

步骤五：教师总结升华

师：同学们，通过这节课，我们了解到了祖国的大好河山，了解到了我们梅州本地的风土人情，我们有什么理由不为自己生长在这样的国度而骄傲和自豪的呢？短短40分钟的时间，可能仅是管中窥豹，我们了解的知识还极其有限！希望同学们努力学习文化知识，为建设祖国的大好河山奉献一份力量！

第二章

感恩主题

2

感恩有您，给我十里芳华

梅州市梅江区梅州中学　古　萌

【活动适用年级】

高一、高二年级。

【教学形式】

情景剧、问卷调查。

【参加人员】

班主任、全体学生。

【活动背景】

高中阶段的学生生理发育迅速、思维复杂，有强烈的"自我意识"；心理活动在"情感"与"理智"之间摇摆，"成人感"与"幼稚性"的矛盾并存。这使他们对一切都不愿顺从，特别是不愿听父母的话，对父母闭锁，认为与父母没有共同语言，缺乏沟通，但同时又希望从父母处得到精神上的理解、支持和保护。

【活动目标】

（1）情景剧还原学生日常生活中与父母的矛盾，感受父母无私的爱。

（2）让学生通过调查，认识到自己对父母与父母对自己的差距，引起反思。

（3）通过呈现父母对自己的寄语，感悟父母的情深意切。

（4）填写明信片，表达自己的感激，感恩父母，升华感情。

【活动方法】

情景剧、调查法等。

【活动准备】

（1）活动材料准备：情景剧本、明信片、调查问卷、表演道具等。

（2）表演组的同学提前排练好。

（3）下载歌曲《时间都去哪儿了》和筷子兄弟的MV《父亲》，收集家长照片和寄语并制作成活动PPT。

（4）收集学生们的照片和父母对孩子的话。

【活动过程】

步骤一：引入活动——情景剧《离开你们》

布置好场地，表演组的学生准备就绪，教师宣布开始。通过非常贴切学生生活的情景剧加以表演还原，吸引学生注意力和兴趣，引起共鸣。

课堂实录

（以下为情景剧剧本）

第一幕

旁白：现在是星期六早上7：45，小A同学在床上全神贯注地玩《王者荣耀》。

小A：哇！Quadra kill四杀，Penta kill五杀！

妈妈（门外传来声音）：小A，吃饭啦，快点起来吃饭了！

小A（边快速点击手机边回答）：好，来了，就来！

旁白：时间过了15分钟。小A还保持刚才的姿势玩游戏，玩得热火朝天。

妈妈（大声）：小A听到没有，还不出来，饭菜都凉了，快点！

小A（一边暴击手机屏幕一边回答）：哎，知道了。来了，就来！

旁白：时间又过去了15分钟，小A还是没有挪动自己的身体。

妈妈（怒气冲冲推门进来）：要叫多少遍，都什么时候了！哦，原来在玩游戏！玩游戏这么认真，平时学习要有玩游戏一半的认真你成绩也不至于排倒数！

小A（边扔手机边吼道）：干什么，骂什么骂，不就玩一下游戏吗，至于吗？（边吼边踹门）迟早有一天我要离开这个家！

第二幕

旁白：小A中段考试英语考了66分，爸爸决定跟他谈谈。

爸爸（拿起试卷）：小A，你的英语考了66分啊，150分考了66分，你可行啊!

小A（漫不经心）：六六大顺嘛!

爸爸（生气，声音略大）：还六六大顺？！你脑子里面到底是怎么想的？你知不知道爸妈为你费了多少心思？！你要是考不上大学怎么办，啊？！

小A（不耐烦）：考不上就考不上，大不了不读了！好过每天听你们唠唠叨叨，烦都烦死了!

爸爸（非常生气）：你、你真是气死我了！早知道你会这样气我，当初我就不生你了！！

小A（把试卷揉成一团扔到地上）：你以为我愿意当你儿子啊，不要就不要，我捡垃圾也不用你管（转身离开）！总有一天我要离开这个家（快速走出家门）！

爸爸（追出去）：喂，你要去哪里？

第三幕

旁白：由于小A觉得自己实在是与爸妈处不来，于是决定离开家，跟学校申请了住宿资格！此刻他正在宿舍洗衣服。

小A（边洗衣服边擦汗）：哎，这么多衣服，累死了！我说，这袜子怎么洗也洗不干净啊！我刷我刷，原来洗衣服是这么麻烦的!

（宿舍门被推开，室友小B拎着饭盒走进来。）

小B：哇，兄弟，你用洗脸的脸盆洗袜子啊！哈，我墙都不扶，就服你！（打开饭盒）来，今天饭堂有鸡腿，你不是说你最喜欢吃鸡腿吗？我就帮你打了个最大的，够兄弟吧!

小A（抓起鸡腿咬下去）：呃，这味道，不好吃！比我们家做的差远了!

小B：行了，你以为这是你家啊，肯定没法比啊，哥们我都习惯了，家里肯定是最好的啊！（一边说一边整理东西）我要把被子搬出来。这天气也是醉了，昨天穿短袖，今天得穿秋裤了！你刚住进来不久，秋裤没带过来吧？哈哈，那你等着受冻吧！哈哈!

（正在这时响起敲门声，班主任来了。）

班主任：小A，在不在？你爸妈把被子跟厚衣服给你送来了。给!

小A：那我爸妈呢？他们回去了吗？为什么不上宿舍来？

班主任：他们应该还在楼下吧，不知道。他们说你很不喜欢他们，以前在家里整天说他们烦，是吗？

小A（低下头）：嗯……

班主任：我了解你的想法，但是，有一点不可置疑的就是，他们是很爱你的，只是可能他们的表达方式你不喜欢，但是他们绝对是爱你的！如果他们不会表达，那你为什么不去表达呢？感恩，就那么难吗？（拍拍小A的肩膀）

小A（抬起头）：老师，我知道怎么做了，谢谢老师，我现在就去见他们！（转身跑。）

班主任（笑笑挥手，转向旁边的小B）：好了，你也准备去晚自习吧！

谢幕

（略）。

小技巧："小A""小B"的名字不加限制，可以直接叫表演者的真实姓名，效果更佳。"班主任"就由班级的班主任客串，更有影响力。

（设计意图：提起学生兴趣，引起共鸣，切入主题。）

步骤二：感恩调查

教师展示两页PPT，调查问题如下：

第一页的内容为5个问题：

（1）你知道父母的生日吗？

（2）你完全了解父母的身体状况吗？

（3）你知道父母最喜欢吃的东西是什么吗？

（4）你打电话给父母的目的主要是要钱还是关心父母？

（5）你经常当面对父母说"爸妈你们辛苦了"吗？

第二页的内容为5个问题：

（1）父母知道你的生日吗？

（2）父母完全了解你的身体状况吗？

（3）父母知道你最喜欢吃的东西是什么吗？

（4）父母打电话给你主要是关心你吗？

（5）父母忘我地工作是不是为了给你最好的？

教师引导思考，对比两组问题的答案，想想为什么。

（设计意图：一次简单的感恩大调查，主要从不同角度让学生在心里衡量，不求说出答案，无声胜有声。）

步骤三：父母照片和寄语

教师播放PPT，里面有家长提供的照片以及他们对儿女说的话。（背景音乐《时间都去哪儿了》。）

小技巧：收集的照片可以是学生的父母的，也可以是学生的爷爷奶奶外公外婆的，最好是与学生的合照。照片跟文字可以不用多，选一些有代表性的。

（设计意图：平常的生活，父母对孩子的付出都是默默地用行动表达爱意而非语言，所以这次通过这种方式，把平时没有机会说的话表达出来。）

步骤四：写明信片

教师总结：父母之恩，水不能溺，火不能灭。羊有跪乳之恩，鸦有反哺之义。常怀感恩心，这是最基本的美德，也是做人的根本。尽管父母啰唆，却也是最细微的爱，随着时间的流淌，聚成大河，源源不断。

教师引导：每个人都填写一张明信片，把平时不敢说的话，没有机会说的话，写下来让父母看到。

不要求立刻写完，可以慢慢写，但写好后一定要交给家长。

（设计意图：通过引导书写表达，让学生说出、写出对父母感恩的话，让感恩之情得到升华，与本节班会课的主题呼应。）

步骤五：寄明信片

让学生课后寄出明信片，给父母一个惊喜。

（设计意图：融洽父母与孩子之间的感情。）

父爱如山 真情告白

梅州市梅州中学 刘明珠

【活动适用年级】

高中。

【教学形式】

小组讨论。

【参加人员】

班主任、高二（1）班全体学生、个别家长。

【参加背景】

很多学生在与父母的沟通中不能理解父母，特别是父亲。这样的父子、父女关系令人担心。希望通过这次主题班会来融化父亲与孩子情感沟通上的这座冰山，使学生理解父亲，学会感恩。

【活动目标】

（1）让学生在平等的对话中体验亲情，了解父母为自己付出的艰辛，懂得感激和报答父母的养育之恩。

（2）让学生理解孝敬父母的具体内涵，学会如何爱自己的父母，进而把这种爱上升到对集体、对祖国的爱，有一种博爱的胸襟。

【活动方法】

播放视频、现场讲授。

【活动准备】

收集亲情体验的资料、视频、音乐、诗歌。

【活动过程】

步骤一：引入活动（上课之前，播放歌曲《酒干倘卖无》）

 课堂实录

师："多么熟悉的声音，陪我多少年风和雨，从来不需要想起，永远也不会忘记……"同学们知道这首歌曲背后的故事吗？

生1：这是一个很感人的故事。故事情节大概是这样的：含辛茹苦的哑叔——一位以捡瓶子为生的老好人，收养了一个弃婴"阿美"。后来阿美长大了，当了女明星，离开了故乡、哑叔和男朋友，选择了自己的事业。哑叔一直到死的那一刻都希望阿美可以回家和他团聚，但阿美却由于演唱会的缘故，没与哑叔见上最后一面。

师：讲得非常不错！没错，故事情节相当感人，让人深思。树欲静而风不止，子欲孝而亲不在。爱自己，更要爱身边所有爱着自己的人。这就是《酒干倘卖无》歌曲的来由。今天，就让我们一起来感受父爱。

（设计意图：提起学生兴趣，起到良好的热身效果，引入活动。）

步骤二：了解父亲节的来历

 课堂实录

师：同学们，父亲是我们一生中最重要的人。他们是家中的天、孩子们心目中的山。他们的爱也许并不热烈奔放。但父爱是一种沉默的力量，将我们一点点地举向蓝天，推我们展翅飞翔。父亲常常是背后默默为我们祝福的人。但是有关父亲节的知识，你们了解多少？

生1：为了表达对父亲的爱，美国华盛顿州的士波肯市的约翰·布鲁斯·多德夫人发起设立了一个节日——父亲节。

生2：我知道父亲节是每年6月的第三个星期日。

生3：我知道父亲节这一天，人们胸前佩戴红玫瑰向健在的父亲表示爱戴，佩戴白玫瑰向去世的父亲表示悼念。

师：同学们了解得真仔细。那你们还想知道更多关于父亲节来历的知识吗？

生（全体）：想。

师：世界上的第一个父亲节，于1910年诞生在美国。父亲节是怎么诞生的呢？

1909年5月，住在美国华盛顿州士波肯市的布鲁斯·多德夫人，在参加完教会举办的母亲节感恩礼拜之后，心里有了很深的感触，突然产生了一个念头："既然有纪念母亲的'母亲节'，为什么不能有一个纪念父亲的节日（'父亲节'）呢？"她对于父亲的印象比对于母亲的印象更深刻。

多德夫人的母亲在她十三岁那一年去世，留下六名子女（她和五个兄弟）。他们慈爱的父亲，全心带大六名儿女。多德夫人排行老二，是家里唯一的女孩。女性的细心特质，让她更能体会父亲的辛劳：斯马特先生白天辛劳地工作，晚上回到家里还要料理家务，照料每一个孩子的生活、学习。经过十几年的辛苦，儿女们终于长大成人。当子女们盼望着能让斯马特先生好好安享晚年之际，他却因为经年累月的过度劳累而病倒辞世了。许多年过去了，姐弟六人每逢父亲的生辰和忌日，总会回想起父亲含辛茹苦养家的情景。

1909年5月，当多德夫人参加完教会的母亲节感恩礼拜后，她特别想念父亲。直到那时，多德夫人才明白，她的父亲在养育儿女的过程中所付出的爱与努力，并不亚于任何一个母亲的辛苦。于是，多德夫人在1910年春天开始推动成立父亲节的运动，并建议将节日定在6月5日她父亲生日这一天。在她的奔走努力下，美国总统正式签署了建立父亲节的议会决议，把节日定为每年6月的第三个星期日。

师：听完老师的介绍，现在同学们知道为什么会有父亲节了吧！

生（全体）：知道了。

（设计意图：通过了解父亲节的来历，感受父亲的重要性，体验亲情的无私和伟大。）

步骤三：祝福墙，写下对父亲的祝福

课堂实录

师：同学们，我们的一声问候，一杯热茶，一个微笑，一点进步，都是对父母的爱的一种无声的表达。同学们，请拿起我们手中的笔，写下我们对父亲最真挚的祝福，让这面父亲墙见证我们的爱。

（设计意图：让学生大胆表达自己的爱。）

步骤四：感恩父母的方法

播放《爱的奉献》，让学生们把自己精心制作的爱心卡贴到父亲墙上，全班同学，家长们齐唱《爱的奉献》。

课堂实录

师：同学们，你们平时敢不敢当着父亲的面说"爸爸，我爱你"？

生："不敢"！（几乎异口同声）

师：那接下来我们请几位同学对父亲真情告白。

生4：我们家很平凡，爸爸一年只回来一次，我跟他的交流很少，但是爸爸对我很严格。我和爸爸大部分的交谈都是通过电话。我有什么要求爸爸都会满足我。我从小就怕爸爸，有时我会刻意躲避他。可是现在，不知道为什么，我和爸爸的交谈就像朋友一样。我知道，我长大啦，我可以体会他的感受，理解他。父亲节快到啦，我想和爸爸说："爸爸，我爱你！"

生5：其实我还是很喜欢我爸的，虽然他偶尔打我骂我，但是他真心对我和妈妈好。他很会照顾这个家……有时间他就会打扫家里卫生。他说，看着家里不整洁他不舒服。呵呵！真是一个有洁癖的老家伙。我爸不抽烟，不喝白酒，偶尔会喝点啤酒。家里饮料、零食是总不会空的，所以周末我总喜欢待在家里。因为我喜欢吃零食，也喜欢吃我爸做的菜，味道很好。我老爸真的是一个家庭主男。我为有这样的老爸而自豪。

生6：说到老爸我很感谢他。他平时照顾我很多很多。我也一直跟着爸爸生活，他为我付出很多很多。我不知道该从何处去感谢，也只有默默地祝福他能够身体健康，希望他能够快快乐乐一辈子。以后我不会让他去操心，去劳累了。以前的我不太懂事，我现在知道自己错了，以后的我一定好好听话。

生7：从小到大，我和爸爸之间没有发生太多的事。小时候爸爸在我的心中是严肃的，他不爱笑，但他很疼我。曾有人说我是爸爸的小跟班，因为每次爸爸出差到什么地方去，我都紧跟着。爸爸也会带我玩，我认为爸爸就是一棵永不倒的树，我会永远受他的保护。

（设计意图：通过这个平台，让学生勇敢向父亲吐露心声，敞开心扉。）

步骤五：观看筷子兄弟的MV《父亲》，请大家谈谈都有哪些"感恩父母的方法"

课堂实录

师：没有阳光，就没有大地的温暖；没有雨露，就没有五谷的丰登；没有水源，就没有生命；没有父母，就没有我们；没有亲情、友情和爱情，世界

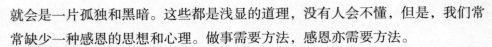

就会是一片孤独和黑暗。这些都是浅显的道理，没有人会不懂，但是，我们常常缺少一种感恩的思想和心理。做事需要方法，感恩亦需要方法。

讨论思考：有哪些感恩父母的方法。

生8：多向父母表达对他们的爱。主动承担家务；纪念日、节日送点小礼物给父母；遇到特别情况写一封信表达感激；适时为父母倒杯茶、削个水果。

生9：和父母有分歧时学会换位思考，站在父母的角度想一想。

生10：多向父母说说自己的情况，自己的愿望；多倾听父母的话；遇上烦恼，告诉父母，寻求父母的帮助。

生11：回家和外出主动跟父母打招呼。

师：是的，大家说得非常不错！我们要时时谨记，父母只会爱孩子，绝不会害孩子。只要能理解、孝敬、尊重父母，你就和父母走近了。

（设计意图：在为父亲送上父亲节礼物的同时，教学生如何以实际行动回报父爱。）

步骤六：小结

师：好好珍惜身边的人，你之所以没有感受到那颗感恩的心，是因为你没有真正去感受过。当身边的人要离开你时你才会大彻大悟，可是那个时候真的是为时已晚了，人生苦短，不要留下遗憾。父爱如山，真情告白主题班会到此结束。

生（齐）：祝愿天下所有的父亲，父亲节快乐！

拥抱亲情　感恩父母

梅州市梅州中学　刘彩虹

【活动适用年级】

高一年级。

【教学形式】

多媒体导入、问题探究、小组讨论。

【参加人员】

全体学生、班主任。

【活动背景】

"百善孝为先"，是中国的优良传统，可现在有些孩子却不懂感谢、不愿感谢、不会感动、只知索取。希望通过这次主题活动，学生能体会父母养育的艰辛，学会爱父母，爱同学，乃至爱我们美丽的国家；希望通过这节主题班会课学生能将平时耳濡目染的道理升华成意识，规范自己的行为。同时也希望每一个学生都能常怀一颗感恩之心，一份感激之情，真诚地回报父母的付出，由此产生成长的动力，健康地成长，从而更好地传承中国五千年的传统文化。

【活动目标】

（1）让学生了解亲情的无私和伟大，热爱自己的父母，明白"可怜天下父母心"，从而更好地继承中华民族的传统美德。

（2）了解自己父母，从情感上感悟父母的爱心和付出，激发学生的爱心，培养体贴父母、关爱父母的情感。

（3）从感恩父母，辐射到对身边的人心存感激，激发感恩的意识。

【活动方法】

问题探究、小组自由讨论。

【活动准备】

（1）分小组收集感恩小故事。

（2）提前一周，观察周围有小孩家庭的一天生活，记录家里的大人为她（他）做了什么。

（3）提前一周，观察家里的家务都是由谁做的，记录自己家人一天的生活。记录自己把家里的地打扫（拖地）一遍或者做一次饭需要多长时间。谈谈这样日复一日地干活是什么感受。

【活动过程】

步骤一：创设情境

播放视频：2008年5月12日下午两点，我国四川省汶川县发生了八级特大地震。顷刻之间，山崩地裂，房屋倒塌，交通中断，无数的同胞被埋在了瓦砾之下……后来，救援人员在废墟中发现了一位母亲，她的姿势有些怪异：双膝跪地，整个身体向前匍匐着，双手扶地，支撑着身体。当救援人员搬开她时，发现她的身体下面有一个婴儿，正在襁褓里酣睡着。当医务人员解开包着孩子的小被子时，发现了一部手机，上面还有一条写好的短信："亲爱的宝贝，如果你还活着，请你一定记住，我永远爱你！"这让我们想到世间最真挚无私的爱，就是伟大的母爱，是可以舍弃生命的爱。

课堂实录

师：请同学们来说说当看到这个场景你心里有什么感受？

生1：看到这个情景，我忍不住要哭了，为这个母亲的言行深深感动。

生2：此时我心里只有一个念头：这个世上最伟大的爱就是母爱！

师：同学们，我们已经习惯了父母的关爱，习惯接受父母的帮助，并且认为这都是理所当然的。因此，我们渐渐忘记了感动，忘记了说声谢谢，也渐渐淡忘幸福的感觉。所以，今天我们开展"感恩父母"主题班会活动，希望通过今天的活动，让我们每个人都知道生活中有许多值得我们感谢的人，特别是我们的父母。

（设计意图：激起学生在情感上的共鸣，从而更好地引入主题活动。）

步骤二：分享故事，学会感恩

师：《本草纲目》中有这样一段文字："此乌初生，母哺六十日，长则反哺六十日。"意思是说乌鸦长大了以后，老乌鸦不能飞了、不能自己找食了，小乌鸦反过来找食物来喂养妈妈。这就是乌鸦反哺。还有这样两个词"羊羔跪乳""卧冰求鲤"，其实这些成语说的都是一个主题：孝敬和感恩。下面由小组代表分享感恩小故事。

小组一：

六旬老父捐肾救子：2003年2月，湖北60岁的农民父亲胡介甫将自己的肾脏移植给了患"尿毒症"的儿子，固执的父亲不容拒绝地告诉儿子胡立新："没什么比你的命更重要！我宁可自己没命，也不能看着你死！"

小组二：

年轻母亲舍身救儿：2004年8月27日下午，沈阳市五里河公园5岁的男孩童童掉进鲨鱼池。35岁的母亲刘燕当时也顾不上将手上的相机和肩上的背包放下，直接跳入鲨鱼池中将儿子救出。刘燕在接受采访时只说了一句话："儿子就是我的全部。"

小组三：

孝顺儿捐肾救母：2004年9月底，在深圳一家律师事务所工作的田世国得知母亲刘玉环患尿毒症后，偷偷跑到上海中山医院做了血样检查；配型成功后，瞒着母亲，毅然将自己的一个肾移植给她。

（设计意图：让学生分享课前发至手机的感恩小故事，触发感同身受的情感。）

步骤三：联系生活，激发情感

师：小组代表分享感恩小故事后，相信同学们内心都深有感触。那我们自己呢，我们的父母呢，他们有没有做什么令我们感动的事？

学生分组交流：

（1）学生讨论课前老师布置的观察作业：大人在照顾孩子的一天中为孩子做了哪些事情？

（2）说说家里的家务都由谁做。你拖一次地大约需要多长时间？如果长年累月地干，你会有怎样的感受？

📖 课堂实录

学生议论纷纷。

生1：我姐的宝宝出生以后，我发现她从早忙到晚，半夜还要起来给宝宝喂奶。

生2：在家我偶尔会做家务，洗碗，要20多分钟吧。

师：我们从出生到长大，尤其是前几个月，前三年，养育我们的人必须付出无比的艰辛。父母为我们不知吃了多少苦，受了多少累，但他们却无怨无悔。很多同学在课前做了统计，家长除了上班，还要在家做全部或者大部分的家务，日复一日地做家务，真的很辛苦。老师相信在大家心中肯定有许多爸爸妈妈爱你们的故事，让你们终生难忘，能够说给大家听一听吗？

生1：在家里爸爸妈妈从不让我做家务活，可以说我一直在过着衣来伸手，饭来张口的生活。我觉得很羞愧。

生2：每次在我生病的时候，爸爸妈妈都会彻夜难眠，无微不至地照顾我。

生3：我有时心情不好或者考试考得不理想，妈妈无论多忙都会放下手头的活，耐心地开导我。

生4：每次出门前，爸爸妈妈都会千叮咛万嘱咐让我注意安全。

师：父母为了我们真是尽心尽职，甚至愿意拿自己的生命来交换。多么感人啊！其实父母每天都在为我们的成长而无私地付出着，他们工作是为了谁呢？当然是为了我们。父母的爱就像阳光、像春风、像雨露，在爱的天地里，我们一天天长大。

（设计意图：学生联系生活，深刻感受父母的爱。）

步骤四：想一想，做一做

师：大家对自己的父母了解多少？哪位同学来说说？

出示课件：你知道你父母的生日吗？你曾经把你父母气到流泪吗？你清楚你父母的健康状况吗？

课堂实录

生1：每年我的生日爸爸妈妈都会问我想怎么过，可我却没问过他们是哪天的生日。

生2：我记得爸爸妈妈的生日，但却没有怎么表示过。

生3：我爸爸年龄大了，有时我看他好像会腰疼。

生4：有时我做事说话会比较任性，看他们被气得说不出话来，事后我也挺后悔的。

师：我们的父母这样爱我们，我们该怎么做呢？

生1：有事多和父母商量，不要总惹他们生气。

生2：记住爸爸妈妈的生日，为他们献上自己独特的祝福。

生3：他们身体不舒服时，要为他们多分担家务活。

师：那么就让我们回到我们平凡的生活中，用自己的心去思考我们该怎么做才是感恩父母。

（1）了解父母各个方面，如爸爸妈妈的工作是什么，爸爸妈妈最喜欢吃的食物是什么，爸爸妈妈的身体健康状况。

（2）尊敬父母，对父母有礼貌，听从父母的正确教导，不当面顶撞父母，不和父母发脾气。

（3）生活节俭，无浪费现象，不乱花钱，不向父母提过高要求。

（4）做力所能及的家务，减轻父母的负担。

（5）有心事主动和父母说，经常与父母聊天（多和父母沟通）。

（6）碰到一些比较重大的事情，要和父母商量，征求和认真考虑父母的意见。

（7）外出时，在征得父母同意后，应把去向和时间告知父母。

（8）努力学好各门功课，经常主动向父母汇报自己在学校的学习生活情况，不让父母操心。

（9）父母有做得不对的地方要诚恳地指出（实话实说）。

（设计意图：让学生学会将爱付诸实践。）

班主任总结：孝敬父母是中华民族的传统美德，是做人的最基本道理。其实父母并不需要我们以后轰轰烈烈地去为他们做什么大事，多陪父母聊聊天，平时一声祝福、一句问候、一朵鲜花、一个拥抱，甚至只是一个微笑，父母都会非常满足，他们能感觉到自己孩子长大了，懂事了。对于我们在校的学生来说，孝敬父母还要认真学习，取得进步，在学习上不让父母多操心。因此，我希望在今后的学习和生活之中，我们每一个同学都要珍惜父母的关心和爱护，用实际行动学习知识，实现梦想，报答父母。

步骤五：课后小任务

（1）父母下班归来为父母端上一杯水。

（2）临睡前为父母洗一次脚。

（3）帮助父母做一次家务。

让我们常怀一颗感恩的心

梅州市梅州中学 李朝辉

【活动适用年级】

高一年级。

【教学形式】

朗诵诗歌、做游戏、小组讨论、写感受、讲故事、唱歌。

【参加人员】

班主任及全班同学。

【活动背景】

在现代社会中，不懂感恩这种不良社会风气正悄然地影响着中学生们，不少学生认为父母、亲戚、朋友、他人的关爱"理所当然"。

【活动目标】

（1）引导学生反思、体会和感受父母的养育之恩。

（2）在日常学习生活中体现报恩之行。

（3）让学生从感恩父母开始，学会关心身边的人，关心周遭的世界，始终保持一颗感恩的心。

【活动方法】

小组讨论、写感受、讲故事、唱歌。

【活动准备】

（1）设计班会活动。

（2）学唱《感恩的心》《游子吟》。

（3）提前给父母、老师或好友等写一封感恩的信。

【活动过程】

步骤一：引入活动

师：感谢父母，他们给予你生命，抚养你成人；感谢老师，他们教给你知识，引领你做"大写的人"；感谢朋友，他们让你感受到世界的温暖；感谢对手，他们令你不断进取、努力。感谢太阳，它让你获得温暖；感谢江河，它让你拥有清水；感谢大地，它让你有生存空间。感恩，是一种心态，是一种品质，是一种艺术。感恩是画笔。学会感恩，生活将变得无比精彩。感恩描绘着生活，将生活中大块的写意，挥洒得酣畅淋漓；将生活中清淡的山水，点缀得清秀飘逸；将生活中细致的工笔，描绘得细腻精美。所以，感恩，是一种多样的艺术。

下面我宣布"让我们常怀一颗感恩的心"主题班会现在开始！

步骤二：任务活动

（1）朗诵孟郊的《游子吟》。

（2）看多媒体课件——一个残酷的游戏——"舍弃"。

 课堂实录

师：还记得我们上周做过的一个游戏吗？这个游戏比较残酷，我们姑且给它取一个名字，叫作"舍弃"。

在这个游戏中，我给大家十分钟的时间，可很多同学却没能完成，大家都在苦苦思索，进行着心理斗争："到底先舍弃谁？"

但大家想想，如果换成父母的话，在选择时，他们思索的时间又会有多少？

事实上，很多时候我们的爸爸妈妈在生与死的瞬间会凭借自己的本能不假思索地舍弃自己的生命，把生的希望留给孩子。

（设计意图：引起学生发自内心地深思，什么是父母给予的爱。）

步骤三：学生互动活动

（1）一位学生讲歌曲故事：《天亮了》。（故事内容略，播放背景音乐——韩红的《天亮了》）

（2）问题讨论：发放纸张，要求各个学习小组的成员之间交流并记下读了故事之后的感受。

（3）思考问题：①在参加活动的过程中，你有什么感受？②在平凡的生活中，有没有我们可以感恩的事？

教师点评：大家都被故事里的爸爸妈妈感动了，这种场面，这种永远失去的痛楚的确最能打动我们，也最能触动我们内心深处最脆弱的一面。但是，这种生死离别的场面，失去双亲的情境并不是我们每个人都会经历的。那么，在平凡的生活中，有没有让我们感恩的事呢？当然有！

（设计意图：进一步升华情感，引起共鸣。）

步骤四：欣赏一段情景剧《一碗蟹肉饺》

1. 由四名学生演出

人员：四名学生（角色：母亲、孩子、老奶奶、小吃店老板）

旁白：故事是这样的，秀秀是一个住宿生，每个周末才能回家。每次回家妈妈都会给她做她最爱吃的蟹肉饺，这种蟹肉饺做起来相当麻烦……

2. 教师点评

非常感谢这几位同学的倾情演出，也希望每位同学都能在日常生活中用心地去感悟父母之爱！

（设计意图：让每位同学都能在平常生活中从一件件小事用心地去体会和感悟伟大无私的父母之爱！）

3. 讨论思考

问题的设置：其实，在平常的生活中我们该感恩的又何止是自己的父母呢？

引导学生思考：

（1）我们还想感恩谁？

（2）我们还应感恩谁？

（设计意图：让学生们独立思考，寻找出问题的答案；教师顺势引导，水到渠成。）

步骤五：沉静三分钟（让学生把刚刚波动的情绪通过思考沉静下来），同时播放背景音乐《母亲》

师：我们现在的心情十分激动，现在我们每人拥有三分钟的时间，闭上眼睛，在《母亲》这首歌中将思想做一个沉淀。抛去一切私心杂念，用心去体会父母在我们成长过程中的付出。想一想他们干裂的双手、黝黑的面庞，想一想他们日夜操劳的身影，想一想他们带病为我们做饭的情景，或者想一想爸爸妈妈的音容笑貌……

（设计意图：引导学生在冥思中不断回忆与父母相处的情境。）

步骤六：感恩父母（学生们在认真思索后畅所欲言发表自己的看法）

（1）学生谈自己对父母的感恩之情。

（2）学生发自内心地表达如何感父母之恩（感恩的方式）。

比如，给父母写一封感恩信（班主任在整个过程中予以感情上的指引，在整个过程中会发现很多的学生所写出的是那样的含情脉脉，令人潸然泪下，因为这是人间的真情实感）。

（3）老师表扬学生并进行总结。

（设计意图：为学生对父母的爱找到倾诉的窗口，引起全体学生共鸣。）

步骤七：教师总结

师：同学们，本次主题班会即将结束。我们有四位同学准备了一首《感恩的心》手语歌，最后就让我们轻唱这首歌来感恩各位领导老师，是他们激励我们接受了这次感恩教育；感恩我们的父母，是他们给予我们生命；感恩令我们感动的一切……全体同学自由起立演唱《感恩的心》。（动作）

心存感激　学会感恩

梅州市梅州中学　曾中文

【活动适用年级】

高一、高二年级。

【教学形式】

小组讨论。

【参加人员】

全体学生、班主任、3名科任老师。

【活动背景】

高中是学生素质养成的关键期，而此时的学生正在进入青春期，对周围的人和事物容易出现逆反心理，让学生学会感恩，让学生懂得感恩身边的一切事情，培养学生的感恩情怀，是高中德育教育的一大重点。

【活动目标】

（1）引导学生传承中华传统文化，构筑美的道德品质，唤起学生知恩、感恩的伦理良知。

（2）懂得爱的无私、伟大、纯洁，学会关心与照顾父母。

【活动方法】

以歌曲、故事片等形式，让学生进行互动，小组自由讨论。

【活动准备】

（1）下载关于班会的歌曲《游子吟》《感恩的心》，部分同学排练手语歌曲《感恩的心》。

（2）下载公益广告《父母的爱》。

（3）下载"老男孩"组合的温情催泪微电影。

（4）选出主持人2名。

【活动过程】

步骤一：引入活动

（1）播放歌曲《感恩的心》。

（2）欣赏孟郊的名篇《游子吟》。

（3）分享故事，学会感恩。

（设计意图：铺垫情感，激起学生兴趣，起到良好的热身效果，从而更好地引入主题活动。）

步骤二：联系实际，深刻感受父母的爱

"父母与我"小调查，小组讨论发言：

（1）你知道爸爸、妈妈生日吗？你知道父母的健康状况吗？

（2）爸爸妈妈每年挣多少钱？为你花费多少？

（3）你与自己父母的关系怎样？

（4）你会厌烦父母的说教，甚至恨父母吗？

（5）当你的父母文化层次低或社会地位低时，你有看不起父母的行为吗？

（6）你能为父母分担忧愁吗？你知道父母的最大烦恼是什么吗？

（7）你会为父母做家务活吗？

（8）你知道你的父母最喜欢的东西吗？

（9）你知道爸爸妈妈对你的希望是什么吗？

（10）父亲节和母亲节你给父母送过礼物或者道过一声祝福吗？

课堂实录

生甲：父母为了我们能接受好的教育，省吃俭用，日夜操劳！只要听到子女需要什么学习的资料，学校需要交什么钱、穿什么样的衣服，他们毫不犹豫地掏钱，而面对几十元一件的自己心仪的衣服却斟酌再三。这就是我们的父母。

生甲：冰冷的冬天，凛冽的寒风，皑皑的白雪……

生乙：温暖的阳光，慈祥的你们，我的父母双亲。

生甲：父亲，您是一缕阳光，丝丝缕缕地温暖着我。

生乙：母亲，您是一缕春风，时时刻刻地抚慰着我。

生合：没有阳光，就没有大地的温暖；没有雨露，就没有五谷的丰登；没有源泉，就没有生命的可贵；没有父母，就没有我们。

生甲：父母精心抚育我们长大，把最无私的爱给了我们。

生乙：五月的第一个星期日是母亲节，虽然早已远去，

生甲：但一颗感恩之心，一腔感激之情，永驻心间。我们对父母心存感恩，因为他们给予我们生命，让我们健康成长。

生乙：是的，不论我们走到哪里，不论我们有多大年纪，在父母的心中，我们永远都是最可爱，最需要被保护的孩子。

生甲：我们不断地接受着父母无私给予我们的爱的雨露。

（设计意图：通过学生讨论交流，深刻感受父母的爱。）

步骤三：情感升华，引发思考

（1）分享视频："老男孩"组合的温情催泪微电影。

（2）欣赏配乐诗朗诵《妈妈的爱》。（诗略）

课堂实录

生甲：同学们，我们看了"老男孩"组合的催泪微电影，它生动地讲述了一个母亲由年轻到年老，把一切都献给自己的孩子的故事。这是何等无私、何等伟大的母爱？这个故事惊天地，泣鬼神。我要高呼："看啊，这就是母亲！"是啊，这位母亲是我们千千万万个母亲的化身，谁的母亲不是这样的呢？只不过表达爱的方式不同罢了，我们还有什么理由不去理解母亲，孝敬母亲，还有什么理由不去好好学习，回报母亲的一片爱心呢？

（设计意图：借助"老男孩"组合的温情催泪微电影，感受亲情；借助诗朗诵，引导学生思考感恩父母。）

步骤四：讨论总结阶段

1. 班主任总结

师：同学们，在感恩的同时，我们可以体会到"爱"的内涵；在感恩的同时，我们会发现平时忽视的细微之处；在感恩的同时，我们会自发地真正做到严于律己、宽以待人；在感恩的同时，我们将忘记自己，全心全意地为他人着想，也真正地成为一个有良知的人。希望大家通过此次班会，学会四个"感激"：感激我们的父母，因为他们给了我们宝贵的生命；感激我们的老师，因为他们给了我们无穷的知识；感激我们的朋友，因为他们给了我克服困难的力量；感激我们周围的一切，因为他们给了我们和谐健康成长的空间。

2. 全班同学宣誓

（播放歌曲《感恩的心》。）

师：为了表达我们对父母的恩情，请同学们全体起立，举手握拳做出承诺：

亲爱的爸爸妈妈——从现在开始，在思想品德上我会让你们安心；在学习上我会让你们放心；在生活上我会让你们省心。我们决不辜负父母心。

（设计意图：总结班会，让学生"心存感激，学会感恩"。）

步骤五：课后小任务

（1）帮助父母做一次家务活。

（2）给父母写一封信。

（设计意图：让学生将感恩付诸实践。）

感恩的心

梅州市梅江区梅州师范学校附属小学　罗春霞

【活动适用年级】

小学六年级。

【教学形式】

情感体验、文艺歌舞表演、诗歌朗诵等。

【参加人员】

班主任、科任老师、605班全体学生。

【活动背景】

每一个人从小到大都获得过别人的帮助和支持，特别是父母、师长的爱，就如太阳的光辉，当太阳一直都在的时候，就会忘记了他们带来的光亮；习惯了父母、师长的好，就会忘了感恩。通过主题班会，引导学生们把感恩变成一种习惯，将对父母、对老师、对同学的感恩中，升华对祖国的热爱和对社会的责任！

【活动目标】

（1）通过第一篇章"体会亲情，感恩父母"的环节，引导学生懂得"感恩"的真正内涵，懂得怎样用实际行动及时送上温暖，用爱回报爱。

（2）通过感恩的第二、三、四、五篇章，引导将学生"感受爱—体验爱—分享爱—回报爱"的心路历程升华，激发学生爱父母、爱老师、爱同学、爱所有进入自己生命中的人的情感！

（3）通过活动提升学生的人文素养，做到在家里感恩父母、在学校感恩老师、在社会感恩他人，争做关爱他人、关爱社会、关爱自然、德才兼备、品质优良的好学生，切实增强学生的感恩意识。

【活动方法】

让学生体验主持的工作过程，观看视频；创设情境让学生体会亲情；开展问卷调查、现场采访、文艺歌舞表演、诗歌朗诵、讲述老师的故事、名言诗句歌颂友谊、寄语"感恩心墙"、现场送感恩卡、唱响心灵之歌等活动。

【活动准备】

制作感恩卡（感恩父母、老师、同学），收集亲子照片，进行"感恩知多少"问卷调查，排演舞蹈《游子吟》，练习歌曲《我爱老师的目光》，排演手语歌舞《感恩的心》，准备多媒体课件和2个无线话筒。

【活动过程】

步骤一：创设情境，激情导入

（播放配乐：《奉献》）

课堂实录

主持人1：尊敬的各位老师。

主持人2：亲爱的同学们。

主持人（合）：大家好。首先我们以热烈的掌声欢迎大家的到来！

主持人（合）：我们沐浴着爱的阳光长大，我们滋润着真情的雨露成长，多少次我们带着幸福的感觉进入梦乡，多少回我们含着感动的泪花畅想未来。

主持人1：落叶在空中盘旋，谱写着一曲感恩的乐章，那是大树对滋养它的大地的感恩。

主持人2：白云在蔚蓝的天空中飘荡，描画着一幅幅感人的画面，那是白云对哺育它的蓝天的感恩。

主持人（合）：备受关爱的我们——

主持人1：感恩父母，给了我们宝贵的生命，这是血浓于水的亲情，带我们走进绚丽多姿的五彩世界。

主持人2：感恩老师，为我们传道、授业、解惑，这是红烛燃烧的师恩，给我们搏击知识海洋的船桨。

主持人1：感恩朋友，给了我们克服困难的力量，这是朝夕相处的友情，让我们共同绘就同窗六年的难忘画面。

主持人2：感恩所有进入我们生命中的人。

主持人（合）：同学们，让我们点亮心灯，学会感恩，常怀一颗感恩之心吧！梅师附小605班"感恩的心"主题班会现在开始。

（设计意图：创设情境，激发学生兴趣。）

步骤二：第一篇章——体会亲情，感恩父母

（1）观看故事《苹果树》。

（2）说说自己和父母的小故事，感受父母的爱。

（3）展示"感恩知多少"问卷调查结果。

（4）小组讨论展示：感恩父母方案大搜寻。

（5）全班合作表演歌舞《游子吟》。

课堂实录

主持人1：嗯，其实在平淡的日常生活中，我们的爸爸妈妈为我们做了许多生活琐事，这其中蕴含浓浓的父爱、母爱。请大家说说生活中，哪些地方使你们感受到了父母的爱？

同学1：小时候，爸爸、妈妈不厌其烦地教我学走路，教我学说话，教我学吃饭，教我学穿衣服，教我学刷牙洗脸，教我学习，等等。

同学2：求学路上，父母每天送我上学，放学接我回家。

同学3：为了辅导我的功课，父母在忙碌中重拾书本，坐在书桌旁和我一同学习。

同学4：我考试没考好，父母帮我找原因，辅导我订正，鼓励我下次考好。

同学5：炎热的夏夜，妈妈给我扇扇子，汗水湿透了她的衣衫。啊！我感受到了，妈妈的爱是清凉的风。

同学6：雨中，爸爸、妈妈倾斜的伞，雨水打湿了他们的衣服。啊！父母的爱是遮雨的伞。

同学7：我生病了，妈妈在病床前照顾我，摸着我滚烫的额头，她着急地哭了。啊！妈妈的爱是滴落的泪。

同学8：当我取得成功时，妈妈张开双臂拥抱我，轻轻地给了我一个吻。啊！妈妈的爱是甜甜的吻。

主持人2：是啊，从小到大，我们都生活在爱的怀抱里。下雨了，一把雨伞送来了，它代表着父母的深情；夜晚，一杯牛奶送来了，它代表着父母对我们的关怀和细细叮咛。人间最真挚的爱——就是父爱和母爱。请看《点点滴滴都是爱》——这组照片是父母对我们无尽关爱的写照，它让我们永远铭刻在心！（课件播放《点点滴滴都是爱》：一组课前学生收集的从小到大的最能体现父母关爱的照片。）

主持人1：亲爱的同学们，爸爸妈妈把我们的生日、身高、体重、爱好，甚至从小到大的每一个"第一次"都记得牢牢的。而我们呢？却对自己的父母不甚了解，甚至一无所知。

主持人2：妈妈的手粗了，她把温柔的抚摸给了我们。

主持人1：爸爸的腰弯了，他把挺直的脊梁给了我们。

主持人2：妈妈的头发白了，她把美丽的容颜给了我们。

主持人1：爸爸的皱纹深了，他把潇洒的青春给了我们。

主持人2：如果说母爱是船，载着我们从少年走向成熟，

主持人1：那么父爱就是一片海，给了我们一片宁静的港湾。

主持人2：如果说母亲的温情点燃了我们心中的希望，

主持人1：那么父亲的厚爱，将是促进我们前进的风帆。

主持人（合）：沐浴着父母的关爱长大的我们，又该如何用实际行动去回报我们亲爱的父母呢？（课件出示"报亲恩：感恩父母方案大搜寻"。）

同学1：爸爸妈妈下班回家，主动接过他们手中的书包或者物品，为父母递上拖鞋。

同学2：为工作劳累了一天的父母倒一杯茶，揉揉肩，捶捶背。

同学3：每天好好学习，考出好成绩，给父母一个好心情。

同学4：尊敬父母，听从父母的正确教导，不当面顶撞父母，不和父母发脾气，多为父母着想。

同学5：为父母分担一些力所能及的家务活。

同学6：有心事主动和父母说，经常与父母聊天，多和父母沟通。学会对父母说声"谢谢"。

同学7：学会对父母说"对不起"。

同学8："三八"妇女节、母亲节和妈妈生日那天，我送妈妈用自己的零花钱买的一束康乃馨和自己亲手做的礼物，帮妈妈做家务，让妈妈享受一天快乐的时光！晚上睡觉前，我亲吻妈妈的脸颊，并轻声地对妈妈说："晚安，亲爱的妈妈，我爱您！"

同学9：写一封感谢信寄给爸爸妈妈，表达自己的感恩和爱，把平时羞于

启齿的话都写进信里。

同学10：寒冷的冬天，我为爸爸妈妈洗洗脚，让他们温暖入睡。

同学11：父亲节到了，我给劳累了一天的爸爸捶背揉肩，端茶倒水，并送上自己亲手做的礼物，对爸爸说："爸爸，节日快乐！"

同学12：爸爸妈妈病了，我为他们拿药倒水，照顾他们。

同学13：我为劳累了一天的爸爸妈妈读报，讲新闻和学校里的趣事，说些幽默的笑话，让他们轻松一刻笑开颜！

主持人1：同学们的感恩方案非常好！其实父母对我们的期望并不多，我们的一句问候，一次搀扶，一杯茶水，一个微笑，一次感谢，他们就满足了。让我们学会尊重、关爱身边的人，做个有心人，用实际行动及时送上温暖吧！

主持人2：该说"谢谢"的时候大声说出来，不要把谢意在心底深埋。

主持人（合）：行动起来，用真诚的心回应真诚的心，用爱回报得到的爱。

（设计意图：学生通过苹果树的故事懂得索取和回报的道理；通过分享亲子故事，自主发现父母的爱；通过展示调查的结果，发现自己的不足，继而讨论如何开展感恩父母的活动，最后进行歌舞表演升华感情。）

步骤三：第二篇章——师恩难忘

（1）诗歌朗诵《感谢您，亲爱的老师》。

（2）师生互动：夸夸咱的好老师——老师，我想对您说。

主持人1：在我们享受父爱、母爱的同时，也享受到了世界上另一种伟大的爱，那就是老师的爱。我们的每一点知识，每一个进步，都渗透着老师的汗水和心血。让我们用最真挚的感情，把最动人的诗篇送给我们敬爱的老师。

主持人2：请听诗歌朗诵《感谢您，亲爱的老师》。（诗歌略）

主持人（合）：千言万语，道不尽我们对老师的热爱之情、崇敬之情、感激之情。为了我们，您付出了很多。您的爱是真诚的、无私的，无论是现在还是将来，我们都会时刻记着您，时刻爱着您。请听歌曲《我爱老师的目光》。（播放歌曲《我爱老师的目光》，配上三年的师生活动照片。）

（设计意图：让学生表达对老师的感恩，寻找师生间的情感融合点。）

步骤四：第三篇章——感恩同学，歌颂友谊

请学生展示课前准备的歌颂友谊的名言警句、诗歌诗词，并结合实际谈谈感受。

（设计意图：让同学之间互相表达感恩，寻找同学间的情感融合点。）

步骤五：第四篇章——知恩于心，感恩于行

（1）真情流露话感恩：寄语"感恩心墙"。

（2）真情涌动：送感恩卡。

（3）班主任总结。

 课堂实录

主持人1：各个工作岗位上的无数双手，用心血共同绘制出一幅幅和谐、美好的社会画卷。

主持人2：同学们，祖国是一个大家庭，没有强大的祖国，就没有我们今天幸福的生活。

主持人1：祖国是我们成长的摇篮，给我们创造了和平美丽的生存空间。

主持人（合）：我们的茁壮成长离不开祖国，离不开父母和老师，离不开所有帮助过我们的人。让我们一起行动起来吧！拿起我们手中的笔，在爱心便利贴上写下一句感恩的话，感恩祖国，感恩父母，感恩老师，感恩朋友……（出示课件：寄语感恩心墙，寄感恩之语，承感恩之心。）

（同学们动笔写一句感恩寄语。）

主持人2：请同学们把"感恩寄语"贴在我们的"感恩心墙"上，让"感恩心墙"承载着我们的感恩之心，心意久久相传。请同学们把课前做好的感恩卡亲手送给你想感激的人，或用信封寄给你想感激的人。（出示课件：送感恩卡。）

师：同学们，乌鸦有反哺之义，山羊有跪乳之恩。中华民族自古就有"滴水之恩，当涌泉相报"的传统美德，感恩的思想已深深地积淀在我们民族的血液里！让我们"结草衔环，以恩报德"吧！从现在做起，让我们年轻的生命在感恩的阳光中变得丰满、殷实、生动吧！

（设计意图：通过感恩卡形式提升感恩情怀，让学生学会表达感恩之情。）

可怜天下父母心——学会感恩

梅州市梅江区凤眠小学　赖春燕

【活动适用年级】

小学三年级。

【教学形式】

小组自由讨论、个别汇报。

【参加人员】

班主任、三（五）班全体学生。

【活动背景】

如今的学生多数是独生子女，是父母的掌上明珠，是家庭的小太阳。在部分学生的心目中，总认为父母对自己的付出是理所当然的，"以自我为中心"，任性、霸道。针对当前学生存在的这方面问题，需要加强对学生进行感恩教育。

【活动目标】

（1）让学生了解父母之爱，感受父母之情，体验爱的圣洁、无私和伟大。

（2）让学生学会理解父母，孝敬父母，以实际行动报答父母。

【活动方法】

小组自由讨论、个别汇报等。

【活动准备】

（1）故事：《孝敬父母的小乌鸦》。

（2）音乐：《感恩的心》。

（3）课件：汶川地震的相关图片。

（4）学生制作送给自己的爸爸妈妈的礼物。

（5）收集有名的或感人的体现父爱或母爱的故事。

【活动过程】

步骤一：引入活动

通过充满真情，充满温馨的图片，回忆以前跟父母一起度过的快乐时光，了解父母之爱，感受父母之情，吸引学生注意力和兴趣，然后引出本节课的活动：可怜天下父母心——学会感恩。

（设计意图：从实际生活出发，提起学生的兴趣，起到良好的热身效果，引入活动。）

步骤二：观看"地震中的图片"

课堂实录

师：我看到大家眼里含着的泪花，我知道大家已经被这个故事深深地打动了，父母给予我们的爱，让我们拥有了比海洋还要深的幸福。父母的爱是寒冬里的一把火，是黑暗中的一束光明，我们为有这样的父母感到骄傲，但同时我们也不希望再次受到这样的感动。因为那样的父母付出的代价太大了。我们过着普普通通的生活，因此父母并不能每时每刻都在做令儿女感动的事，有的甚至没有过这种体验，难道父母在平凡的生活中不爱我们吗？

生：不是。

师：其实天下的父母都是一样的，他们都是爱我们的，可能以前我们没有像今天这样静下心来感受过。

（设计意图：以景触情，激发学生"想说、敢说"的欲望。）

步骤三：小组讨论、汇报阶段——我与父母的事

课堂实录

师：你知道哪些感人的，体现父爱或母爱的故事？

生1：（事例1）孟母三迁——孟子小时候很贪玩，模仿性很强。他家原来住在坟地附近，他常常玩筑坟墓或学别人哭拜的游戏。母亲认为这样不好，就把家搬到集市附近，孟子又模仿别人做生意和杀猪的游戏。孟母认为这个环境也不好，就把家搬到学堂旁边。孟子就跟着学生们学习礼节和知识。孟母认为这才是孩子应该学习的，心里很高兴，就不再搬家了。这就是历史上著名的"孟母三迁"的故事。

生2：（事例2）5月15日下午在汶川地震重灾区北川，有一位年轻的妇女

被压在废墟下面，救护人员透过缝隙看到她弯成弧形。扒开砖块，他们从那位妇女身体下面，抱出一个三个月大的婴儿，他毫发未伤，还在安静地睡着。当医生替婴儿检查时，发现襁褓中的手机上面有一条未发的短信："亲爱的宝贝，如果你能活着，一定要记住我爱你！"那一刻，所有人都哭了。

师：也许我们的父母对我们的爱没有那么富有传奇色彩，但他们平凡普通的举动中也倾注了自己对子女无私而伟大的爱。现在同学之间讨论：父母亲令你最感动的一件事或生活细节。

（5分钟，争取每个人都发言，点名汇报。）

生1：刮大风、下大雨为我送衣服。

生2：半夜背我去看病。

生3：每天早上为我准备美味的早餐。

……

师：是呀！父母的爱是无私的、伟大的、圣洁的。在亲情的观念里，磨难显得是那么的微不足道，那么的不可怕。爱的道路有时只有一个理念，那就是——让我们爱着的人幸福。既然父母为我们的成长付出那么多，留下一幕幕感人的画面。我们理应唱响父母的赞歌，用我们自己的方式，或朗诵诗歌，或歌声传情……

（设计意图：让学生了解父母之爱，感受父母之情，体验爱的圣洁、无私和伟大，引出下一个环节。）

步骤四：献给父母的歌

课堂实录

（1）全班齐唱歌曲——《感恩的心》。

（2）问题思考：为什么要赞扬和感谢父母？

生1：父母给我们生命。

生2：父母给我们勇气。

生3：父母给我们智慧。

生4：父母给我们知识。

生5：父母给我们信心。

生6：父母给我们快乐。

（设计意图：通过歌声传达对父母的感恩之情。）

步骤五：小故事，大道理——《孝敬父母的小乌鸦》

小乌鸦的爸爸妈妈老了，飞不动了，小乌鸦就天天飞出去给他们找吃的。不管是呼呼地刮着大风，还是哗哗地下着大雨，小乌鸦一点也不害怕。它从东飞到西，又从南飞到北，找到了吃的，就叼回来，一口一口地喂它的爸爸和妈妈。爸爸妈妈吃饱了，它自己才吃。小乌鸦多爱它的爸爸和妈妈啊！

课堂实录

师：同学们，你们爱自己的爸爸妈妈吗？

生：爱。

师：乌鸦长着一身黑色的羽毛，不怎么好看；它呱呱地叫的声音也不好听。但是乌鸦的心灵却很美，从小就懂得爱自己的爸爸和妈妈。你们会用什么行动来表现自己对父母的爱呢？

生1：了解父母各个方面。（如爸爸妈妈的工作是什么，辛苦吗；爸爸妈妈最喜欢吃的食物是什么；爸爸妈妈的身体健康状况如何；爸爸妈妈的生日是哪一天？）

生2：尊敬父母，对父母有礼貌；不当面顶撞父母，不和父母发脾气。

生3：生活简朴，不浪费粮食，不乱花钱，不向父母提过高的要求。

生4：帮父母做力所能及的家务，减轻父母的负担。

生5：有心事主动和父母说，经常与父母聊天。

生6：碰到一些比较重大的事情，要和父母商量，征求和认真考虑父母的意见。

生7：外出时，在征得父母同意后，应把去向和回来时间告知父母。

生8：努力学好各门功课，经常主动向父母汇报自己在学校的学习生活情况，不让父母操心。

生9：父母有做得不对的地方要委婉地指出（实话实说）。

师：听了同学们发自内心的表白，我真的非常感动。今天的班会也让我们明白了，对于爱我们不能不停地索取，还要懂得感谢回报。生活中那些平淡温馨的故事每天都在继续，只要我们用心去聆听，用心去感受，就会发现生活充满了爱，因为我们学会了感恩！

我们应该在漫长的时间里全心全意地去爱父母。让我们从点滴小事做起，为父母做他们意想不到的事，让他们也成为一个被爱的人，让他们感受到我们的爱。让我们用实际行动去打动我们的父母，让我们也成为一棵小树，一棵能够为父母挡风遮雨的小树。

（设计意图：从小道理中悟出大道理，用自己的行动表达自己的爱。）

步骤六：感恩

把自己制作好的礼物送给父母，并说一句感恩的话。

感恩父母，从现在开始

梅州市梅江区龙坪小学　朱淑玲

【活动适用年级】

小学六年级、初中一年级。

【教学形式】

情境体验、小组讨论、诗歌朗诵、感恩小调查。

【参加人员】

班主任及全体学生。

【活动背景】

现在的孩子大多数是独生子女，自幼被视为掌上明珠，父母对孩子千般宠爱。然而，孩子并没有意识到父母的付出，以自我为中心、不尊重父母……甚至有些孩子成了不懂得感谢、不愿感激、不会感动，只知道享受，只知道自己需要，只知道索取的"冷漠一代"。此次班会活动，旨在让学生明白，父母的爱是伟大而无私的，我们应该心怀感恩之情，并在生活中学会孝敬父母。

【活动目标】

（1）认知目标：使学生认识到应该对生活怀有一颗感激之心，增加学生的社会责任感。

（2）情感目标：使学生充分体验到爱的存在和感恩的必要性。

（3）行为目标：学会感恩，用实际行动回报家人、社会。

【活动方法】

观看视频、朗诵诗歌、制作感恩卡片、合唱歌曲。

【活动准备】

（1）制作PPT《父母的日常》。

（2）收集相关感恩父母的视频、事例。

（3）根据教案的教学过程，制作相关的PPT。

（4）收集与主题相关的歌曲，如《感恩的心》《想起老妈妈》《天下父母心》。

（5）收集相关的诗文，如孟郊的《游子吟》、朱自清的《背影》。

【活动过程】

步骤一：谈话激趣，揭示主题

（1）师谈话：同学们，上课之前，请允许我跟大家闲聊几句，你觉得自己幸福吗？谁愿意回答我的问题？

（2）学生畅所欲言。

（3）师小结：如果你的答案是肯定的，那么恭喜你！你懂得用心去感受这个世界的美好，让自己的内心充盈着和谐与温馨。如果你的答案是否定的，那么我也要祝贺你！你其实是用一颗更高更热忱的心，理性地掂量着这个世界的美丑善恶，以不满的渴望，推动着社会的前进与发展。无论现在的我们幸福与否，但我依然相信，今天能坐在这个宽敞教室里面上课的同学们都是幸福的，因为在同一个地球上，还有千万个孩子被挡在教室门外，用羡慕的目光窥视着书本与知识。

（4）师质疑，设悬念：在这种幸福的背后，同学们有没有深思过，是谁，保证着我们现在能安然自在地学习？是谁，在你面对风雨时，张开了双臂，为你遮挡风雨？是谁撑开了一片让你自由成长的空间？我想，此刻，大家的心中都已经有了答案。不要急着说出答案，请看以下组图，看看图画中的主人公是不是你心中的最佳人选？

（5）播放PPT《父母的日常》。

（6）揭示主题。

师：同学们，这组图片的主人公是谁？（父母。）是的，这段视频记录的是父母用爱从小养育我们的点点滴滴，有父母对我们的担心和挂念。尽管这些记忆斑驳残缺，但每一个片段中都倾注着父母一生的爱，串联起来，成就了一部感天动地的史诗。今天这节课的主题就是——感恩父母。

（设计意图：这个导入环节教师在谈话中拉近了与学生的距离，让学生有了发言的欲望，并通过巧设悬念，激发了学生浓厚的学习兴趣。）

步骤二：观看视频，唤起对父母的感恩之心

（1）播放《感恩父母心》的视频。

（2）让学生观看视频后谈感受。

（3）师小结：的确，这个感人视频里记录着父母为了孩子忙碌的画面。父母就是这样的人，把自己的所知、所想、所得在生活细节中传授给孩子后，自己也慢慢地老去。也许在他们垂垂老矣，手抖得抓不稳筷子，系不上鞋带的时候，皱巴巴的脸上依然能够绽放笑容，因为在他们的脑海里还一直珍藏着与你们度过的快乐的每一天。

（设计意图：这个环节通过让学生观看一段感人的父母为孩子日夜操劳直到白发苍苍的视频，唤起了学生对父母的感念之心，点燃学生心中对父母的感恩之情。）

步骤三：营造感恩氛围，分享感人故事

（1）播放感人的背景音乐，引导学生回忆跟父母在一起时的难忘画面。

（2）学生分享与父母之间难忘或感人的故事。

（3）师小结：很感谢刚才的几位同学质朴感人的发言，你们的故事是朴实的，但却是感人至深的，我知道那些没有举起手来的同学的生命中与父母也是有着某些动人的故事的，它藏在你们的心里，可能无法用华丽的辞藻把它表达出来。但我相信，此刻每位同学心里都充盈着对父母的感恩之情。

（设计意图：这个环节通过播放轻柔的背景音乐营造感恩的氛围，让学生回忆与父母在一起时的温馨画面，分享与父母之间的感人故事，让学生深刻地体悟到原来父母一直在默默地付出无私的爱。）

步骤四：在游戏中升华情感

1. 玩游戏"舍弃"

师：同学们，请拿出课前发给大家的那张纸，我们来做一个游戏。游戏规则是这样的，在纸上写上"事业、父母、美貌、健康、朋友"这5个选项；然后将这5个选项在心里排序，依次画去你认为可以先舍弃的，直到最后只留下其中的一项。

教师适时引导：请注意，一旦你画去了这个选项，就代表着这样东西就真的在你生活中消失了。如果你画去的是事业，那么你这一生就会失去生活来源，一生穷困；如果你画去的是朋友，那么你一生剩下的日子里，你的身边就再也没有朋友的呵护和关心，再也听不到他们的笑声……

2. 师统计游戏结果

小结：这是一道非常艰难的选择题。大部分同学舍不得删去的选项是

"父母"。这说明什么呢？我想，答案已在同学们心中了。珍惜被父母疼爱的日子，同时尽自己的能力感恩父母、孝顺父母是为人子女该尽的责任。

3. 感恩小调查

师：有人说"父母脸上与日俱增的皱纹是我们刻上去的，父母头上的丝丝白发也是我们染上去的，我们的成长成才，也伴随着父母的徐徐老去。"生活在父母无限关爱中的你，对父母了解吗？接下来我们来做一个感恩小调查。

4. 大屏幕出示小调查

师：请看大屏幕，这几个问题你能答上来几个？

（1）你的爸爸妈妈的生日是几月几日？

（2）你的爸爸妈妈的体重是多少？

（3）你的爸爸妈妈的身高是多少？

（4）你的爸爸妈妈穿多少码的鞋？

（5）你的爸爸妈妈喜欢的颜色是什么？

（6）你的爸爸妈妈喜欢的水果是什么？

（7）你的爸爸妈妈喜欢的花是什么？

（8）你的爸爸妈妈喜欢的日常娱乐活动是什么？

（9）你的爸爸妈妈经常教育你的口头禅是什么？

5. 统计调查结果，小结

师：能答出6道题以上的同学，说明平时比较关心自己的父母；反之则不够关心父母。其实一声问候，一杯热茶，一个微笑，一点进步，都是对父母的爱的一种无声的表达，这就是用自己的实际行动来孝敬父母的方式。

6. 配乐朗诵，抒发感恩父母之情

师：同学们，让我们借用诗歌来表达我们无法用普通的语言来表达的自己心中的那份沉重的爱，让我们尝试用诗来歌颂父母，让自己的情感在诗乐篇章中缓缓流出。

7. 配乐齐读

出示孟郊的《游子吟》PPT，配乐齐读，抒发对父母的感恩之情。

（设计意图：在"舍弃"这个游戏和感恩小调查中，让孩子深刻地体悟到，父母为我们付出那么多，但我们为父母做得实在太少了，目的是让学生在心中明白，今后不但要感恩父母，还要孝敬父母。）

步骤五：制作感恩卡，表达感恩之情

（1）小组讨论：我们应该怎样孝敬父母呢？

（2）学生分享讨论结果。

（3）制作感恩卡，抒发感恩之心。

（4）分享感恩卡的温馨语句，师小结。

师：从大家所写的只言片语中，我已经感受到你们的心意与诚意。你们所写的每一个字都饱含深情，每一个举措都源自你们现在那颗迫切关爱父母的心，其情可嘉。我希望大家写在纸上的那一句话不要成为空话，那一个行动不要成为空想。感恩可以从身边做起，也应该从现在做起。在此，我倡导同学们做好以下两件事：

（1）每日一刻。每天在茶余饭后抽出一点时间和父母聊一聊，内容可以是自己取得的进步，可以是学习中的烦恼或同学间的不快，也可以是当天学校中的趣闻趣事，以便父母了解自己生活中的点点滴滴。

（2）留下我的"悄悄话"。有时候，孩子与大人之间难免会发生争执或意见分歧。在这种时候不妨把自己的心里话或所受的委屈写在小纸条上与父母交流，以避免发生一些不必要的冲突。

（设计意图：在案例分析这个环节，目的是让学生明白，孝敬父母要讲究方式方法，不但有物质上的，还有精神上的。让学生制作感恩卡片，正是为了让他们表达情感，大胆说出对父母的爱。）

步骤六：朗读宣言，表达孝敬父母之心

1. 出示感恩宣言，班长带读宣言

班长：请同学们起立、握拳，一句句跟读宣言。现在请跟我宣读……

我们以青春的名义宣誓：

珍爱生命，感谢父母的养育之恩。从现在开始，在思想上让你们安心，在学习上让你们放心，在生活上让你们省心，我们决不辜负你们的一片苦心！

2. 齐唱歌曲《感恩的心》

（设计意图：这一环节旨在让学生大声说出感恩父母、孝敬父母的宣言，坚定感恩父母的决心。）

步骤七：老师总结

（略）。

第三章

爱校爱班

3

饮水思源　爱校如家

梅州市梅州中学　曾佳敏

【活动适用年级】

高一年级。

【教学形式】

朗诵、知识抢答、短剧表演、小组讨论等。

【参加人员】

高一（3）班全体学生。

【活动背景】

高一学生刚迈入高中学校大门，开启了美好的高中校园生活。初到学校，学生对学校的校园环境、校园文化、历史发展等都不甚了解。通过此次班会课，可以引导学生自己去查阅学校相关资料，去发现和留意身边的校园美，从而激发高一新生对校园的热爱之情，使其在校园里度过美好的高中三年。

【活动目标】

（1）加深学生对学校环境、办学历程、校园文化以及历史发展情况等方面的了解。

（2）激发学生热爱学校的热情，增强学生学好文化、报效母校的决心，以自身的实际行动维护学校的荣誉，为学校增光添彩。

【活动方法】

小组讨论、朗诵、表演。

【活动准备】

（1）写好朗诵稿，培养朗诵演讲者。

（2）收集学校相关视频、图片以及文字资料，制作课件，设计有关学校的知识抢答题。

（3）带学生去学校校史室参观学习学校的发展历程。

（4）学生自己撰写《"猴子"扫地记》剧本并练习表演。

（5）训练学生合唱《梅州中学校歌》。

【活动过程】

步骤一：引入活动

诗歌朗诵：

幸福校园

朗诵者：李思玉、黎松琳

你是行驶的船只，满载我们的希望；

你是知识的殿堂，是我们成长的摇篮。

你是肥沃的土地，使稚嫩的我们长成大树；

你是五彩的画笔，绘出我们绚烂的青春。

我们的校园，书香弥漫；漫步其间，忘返流连。

蝶舞花圃，温馨相伴；一阵暖风，吹拂身边。

校园是书，潮思联翩；校园是画，淋漓酣畅。

校园是一条历史长河延展，

校园是香山红叶似火亮灿，

这里是诗的海洋，

这里是花的乐园，

我们在这里耕耘，我们在这里收获！

我们快乐，我们幸福。

梅中，你是我们美丽的校园，是我们温馨的家！

（设计意图：通过诗歌朗诵，在朗诵的过程中，学生的精神状态是比较放松的，情绪也会随着朗诵的意境在起伏，从而渲染爱校的气氛，产生对校园的热爱之情。）

步骤二：活动环节——爱校知多少

📖 **课堂实录**

师：同学们，去年九月，你们与梅州结缘，走进梅州中学——一所百年名校，你们将在这里度过自己的三年青春时光。校园是我们共同学习的地方，是我们共同生活的家园。爱校是我们每个人想去做也会去做的一件事。对于我们熟悉的学校,你对它了解有多少呢?

师:下面就来考考你。现在进行学校知识抢答,进入"爱校知识大比拼"环节。(内容见附录)

师:抢答环节到此结束。

(设计意图:通过设计"爱校知识大比拼"环节,促使学生以小组为单位课前通过各种途径,如去图书馆、上网等,了解校园,并在参观校史室的时候,认真了解学校的发展历程,发挥自己的主观能动性,真正从内心和行动上去了解学校。)

步骤三:活动环节——梅中校园之美

🎓 **课堂实录**

师:通过知识大比拼,大家对学校都有了一定的了解。假如有一天你听到有人辱骂、贬低你的学校,说你的学校是三流学校,你会怎么做?

(学生各抒己见。)

师:从大家的反映中可以看出,你们对学校是有爱的。母校就是自己在心里骂了千百遍,却不允许别人骂一句的地方。与其采用辱骂这种暴力的方式爱校,为什么不采用××同学的那种文明的方式呢!用诉说学校的美来反驳辱骂我们学校的人。那我们的学校美在哪里?你眼中校园最美的地方又在哪里呢?

师:学校为我们提供了良好的环境让我们学习、生活。对于你熟悉的校园,你最喜欢校园的哪里呢?为什么?罗丹说过,生活并不缺少美,而是缺少发现美的眼睛。就像这株花你知道在校园的哪个角落吗?荷花池的那一群可爱的野鸭,不也是校园亮丽的一道风景吗!在拔河比赛中,我们大家一起拼搏努力,团结一心的精神,不也很美吗?甚至校园保安叔叔的一个微笑,不也是校园美之所在吗?那么同学们眼中梅中最美的地方在哪里呢?(课前分小组收集材料发言。)

(六个小组分别讲述或者用PPT展示他们眼中的梅中校园美:风景美、建筑美、院士美、师生美、梅花美、校歌美)

(设计意图:这个环节主要通过小组收集材料去展示校园的风景美、建筑美、院士美、师生美、梅花美、校歌美,锻炼学生查阅资料的能力、小组沟

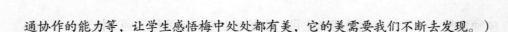

通协作的能力等，让学生感悟梅中处处都有美，它的美需要我们不断去发现。)

步骤四：活动环节——爱校有期待

（1）欣赏小品《"猴子"扫地记》，要求学生思考："猴子"的行为是否是爱校行为？怎样的行为才是爱校行为？

（2）师生交流爱校行为。

（3）"班级爱校心愿瓶"：学生写好爱校小事的便笺纸放进心愿瓶中。

课堂实录

师总结：其实爱校既简单又难。"简单"就是爱校只需要你的一句话，一个动作，任何人随时随地，都可以做到！但却"难"在它是一个漫长的过程，需要你的坚持！希望我们能够从现在开始爱校，并一如既往地坚持！

（设计意图：通过让学生自编自导的小品让学生明白日常生活中一些不经意的损害公物的行为，属于不爱惜学校的行为，从而激发学生思考怎样的行为是爱校的行为，并通过便笺纸记录下来，收集在"班级爱校心愿瓶"里，促使学生将心愿变为现实，真正将爱校的心愿变为日常的行为，共同去维护学校美好的校园环境、维护学校的声誉，并努力学习为学校的发展贡献自己的力量。)

步骤五：活动结束——爱要大声唱

全班起立，合唱《梅州中学校歌》。

课堂实录

（略）。

（设计意图：大家一起大声歌唱学校的校歌，歌声在教室中回响。学生在合唱的过程中，从歌词中感受着百年名校的魅力，感受着歌词中所蕴含的校园文化，回想着梅中百年风雨历程，曾培养了林风眠等艺术大师，八位院士，有着光辉的历史，增强对学校的自豪感。)

步骤六：教师总结

师：我们学校的八大院士之一——著名的桥梁专家李国豪院士在多次面对记者在访谈时提到这样一个问题——"21世纪青年最需要什么"的时候，李院士的回答是四个字——"饮水思源"。另一位我们知名的校友黎次珊先生，在今年113周年校庆时，我们有幸见到了他。他的到来引起了全场的轰动，全体师生起立。为什么他的到来让我们全场起立呢？因为他的到来体现了一个86岁高龄的校友对母校的深深眷恋之情。他们都是"饮水思源，爱校如家"的典范！校歌歌词最后一句"努力好修以为邦家光"，我希望大家都能努力学习，不仅为家争光。也为校争光，今天你们以梅中为荣，明天梅中以你们为荣！

附1：

爱校知识大比拼

1. 梅州中学创建于哪一年？（1904年）

2. 梅州中学由清末哪位著名外交家、诗人创办。（黄遵宪）

3. 民国元年（1912年）由哪几所学校合并创建公立梅州中学堂？

（四校合并：东山师范学堂、嘉属官立中学、务本中学堂、梅东中学堂）

4. 梅州中学第一任校长是（D）

A. 李时可　　　　B. 黎伯通　　　　C. 黄道纯　　　　D. 叶则愚

5. 梅州中学的校花是？（梅花）

6. 梅州中学的校训是？（诚）

7. 梅州中学的办学理念是？（不求人人升学，但求人人成才。）

8. 梅州中学何时被确认为广东省首批"国家级示范高中"？（2007年）

9. 梅州中学建校一百多年来，英才辈出，已培养毕业生5万多人，培养出了几位院士？能否列举其中几位院士？（桥梁专家李国豪、藻类学专家黎尚豪、化学专家黄本立、电信专家吴佑寿、建筑设计专家江欢成、水利工程专家张楚汉、历史语言研究专家陈槃、医学专家廖万清。）

10. 近代著名画家、艺术教育家，1927年担任国立艺术学院（中国美术学院）首任院长的是哪位梅中校友？（林风眠）

附2：

"猴子"扫地记

第一幕

放学了，茅台和孙猴子扛着扫把去打扫包干区。

茅台：嘿，孙猴子，你和我打赌月考谁输了，谁就得表示表示，你输了，不得那啥吗？

猴子（用陕西话说）：嘿，你个茅台酒，你嘚瑟个撒嘞。你说你这次考

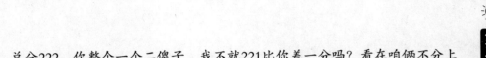

试，总分222，你整个一个二傻子，我不就221比你差一分吗？看在咱俩不分上下，多年占据在低分炮台上，八路军背着炸药包都炸咱俩不下来的份上，我就逗你一笑，咱就过了吧！

茅台：你说你个猴子，每次都被你倒打一耙，算了，我要是没有笑，你就得意思意思啊！

猴子（陕西话）（猴子拿扫把试了试手）：好家伙，这是新扫把，我就喜欢新的，看得心情真舒畅。

第二幕

接着孙猴子便耍了起来。正当孙猴子耍扫把逗得茅台笑得眼睛都看不见时，孙猴子往茅台屁股上打了一扫把。这时扫把断了，俩人愣了一下。

猴子（陕西话）：你这个屁股比砖头还硬嘞。这扫把都拜倒在你屁股下嘞！

茅台：都是你弄坏的，我……我这就告……告诉班长梅花去，说你毁坏学校的公共财物，你……你给我等着！

这时孙猴子露出献媚的笑脸，拦住了茅台说：这垃圾不用你倒了，我去倒还不行吗，算我对你屁股的补偿。说完便拿起垃圾桶灰溜溜地跑了。

由于倒垃圾的地方太远，孙猴子起了坏心思，他走到池塘边，把垃圾倒进池塘，却不想这偷偷摸摸的行为被碰巧经过的班长看见了。

第三幕

梅花：别倒了，很好玩吗？难道你不知道这是违反校规、不热爱学校的表现吗？

猴子（陕西话）：学校那么多人爱护，又不差我一个，我又没说过要热爱学校，你那么激动干吗？

（这时茅台赶过来。）

茅台：就是就是。

梅花：你不热爱校园，每个人都不热爱校园，那么这个校园将不再充满生机，你也学习不了知识。（问同学们）你们说是不是？

同学们回答：是。

全体表演成员：让我们一起爱护我们美丽的校园吧！

我的班级 我的责任

梅州市梅州中学 陈俊红

【活动适用年级】

初二年级。

【教学形式】

活动启发式、情境体验式、交流感悟式。

【参加人员】

班主任、科任老师、初二（1）班全体学生。

【活动背景】

从小学到踏进初一再到现在，师生从陌生人到亲如兄弟姐妹，师生在一起经历了许多，但是繁重的学习和考试生活让班级的集体感减弱了许多。针对这一情况，专门安排这一主题班会，让学生找寻过去，清楚现在，明确未来。

【活动目标】

通过开展这次主题班会，培养学生的集体荣誉感，让学生懂得一个人做事要有责任心，要有负责到底的精神，学会自己做的事自己负责，努力争创优秀班集体。

【活动方法】

小组讨论、朗诵、做游戏。

【活动准备】

（1）活动材料准备：用12份报纸做成的游戏道具、胶纸。

（2）收集初二（1）班活动照片，制作活动PPT。

【活动过程】

步骤一：引入活动

情境体验活动——我们之间的美好回忆：播放班级的班歌MV，PPT展示初一入学以来至今的活动照片集，吸引学生注意力和兴趣，然后引出本节课的主题。

🖥 **课堂实录**

老师：同学们，在这一年半的学习生活中你和同学间有没有发生什么令你难忘的事？

学生：有！很多。

老师：其实，在班级这个大家庭中，一直都有很在意你成长的人在陪伴你；在我们精彩的回忆中，很多活动都是在他们带领下我们大家一起完成的。大家知道他们是谁吗？

学生：老师。

老师：是的，在一个班级里发生了很多很多的故事，而我们的家，就是这宽敞明亮的教室，就是这充满爱的集体，而今天我们也特别安排了一个主题活动——"我的班级，我的责任"。

（设计意图：提起学生兴趣，起到良好的热身效果，引入活动。）

步骤二：讲述小故事

（1）由团支部书记朗读小故事《沙漏——成长》。

（2）由班长讲述小故事《十根筷子》。

🖥 **课堂实录**

老师：同学们，我们期待自己的成长，也渴望获得成功，在小故事《沙漏——成长》里，我们懂得了要珍惜友情、珍惜时间，要通过自己的努力去守护父母、战胜悲伤落寞。对吗？

学生：对！

老师：班长讲述的小故事说明了什么？

学生：团结协作。

老师：好的，同学们已经感受到了小组合作的重要性了！我们在班级里要发扬团队精神，齐心合力，战胜困难。看来，我们各个小组都在跃跃欲试了。OK，让我们在"报纸小火车"游戏中去体验合作的快乐吧！

（设计意图：讲故事是学生愿意接受的一种有效教学形式，可以让学生在不经意间抓住班会的主题，为后续班会的开展奠定牢固的基础。）

步骤三：游戏活动

（1）介绍"召唤团结的力量——报纸小火车游戏"的游戏规则：每个小组成员把头放在事先准备好的报纸中，围着教室行走，哪个小组，报纸未烂，为获胜小组。

（2）分组安排：全班分为9个学习小组，由组长带领。

环节小技巧：

（1）热身介绍：分发给每个小组游戏道具时呼喊小组的名称要生动有趣，如认真可爱的"梦之翼"，超级无敌的"Number 7"，超越向前的"勇越组"，等等。

（2）分组技巧：给学生20秒钟时间迅速组成"小火车"。

（设计意图：通过游戏来增加学生之间的合作意愿，活跃气氛——"破冰"，引导学生去思考如何才能做到团结。）

步骤四：朗诵—祝福—畅谈活动

📖 课堂实录

（1）全班朗诵《我爱我班》。（诗略）

（2）真心祝福：请大家在自己的"心"形卡纸上，写下自己的心愿和对班级的祝福。

（3）大家谈：怎样为班集体增光添彩？

师：让我们重温一下中段以前所获得的班级荣誉，好吗？

生：好！荣获学校文明班级称号，获中段考试全年级第2名……

师：优良的传统必须传承下去，怎样传承下去呢？应让我们班成为一个什么样的班集体？

学生小组讨论，各小组派出一位代表进行展示发言。

师：初中生活既是快节奏紧张的，更是温馨美好的。我们能坐在一起，了解彼此，是一种缘分。今天，我们都写下了怎样为班级添光彩的建议。要建设一个团结积极的集体，离不开我们每个成员的努力。细微到在我们平时的学习生活中，要从小事上培养自己的合作意识，让自己成为一个善于与人合作、有团队精神的人，在班级中自觉地做好自己应该做的事情，团结协作，为班级贡献自己的力量。

（设计意图："团结"这一主题班会，旨在通过各种形式，将团结精神真正根植于学生的心灵，从而促进班级内部团结。从全班朗诵开始，带动大家一起通过写心中祝福和畅谈班级未来发展的形式，引发学生对集体团结的再思考与再认识，敲击学生的心灵，具有实效性。）

步骤五：团结奋进篇

（1）全体起立，齐呼"班训""目标""口号"。

（2）要求学生针对初二期末考试为自己设置一个目标与计划，第二天上交给班主任。

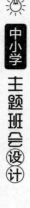

千人同心则得千人力

梅州市梅州中学　曾娟芝

【活动适用年级】

高三年级。

【教学形式】

小组PK、自由发言、讨论等。

【参加人员】

班主任（语文老师）、高三（12）班全体学生。

【活动背景】

我是中途接高三（12）班的，做高三（12）班班主任工作将近三个月时间了。通过这段时间与班上学生的接触，我发现，我们班学生个个个性鲜明，各有所长。我感觉每个学生都有着清晰的高考目标，有着良好的精神状态。

但是班级还存在着许多问题，高三学习压力大，竞争激烈，生活单调，学生相对缺少交流与沟通。一部分学生尤其是复读的学生，心理上出现寂寞、枯燥的心态，把自己封闭起来，闭门造车，缺少合作精神，不想真正融入班集体中，性格显得孤僻。这些情况对加强班集体凝聚力造成了阻碍，不利于整个班级的建设与发展。

据此，非常有必要开展一次以加强班级凝聚力为主题的班会，让同学们在此次班会中能更进一步了解班里的同学，打破日常交往的隔阂。班主任指导，全部学生主动参与到活动中并形成互动的形式，有利于让班集体更加团结，增强学生对班集体的热爱之情，加深学生对"集体"一词的认识，从而更有利于高考备考。

【活动目标】

（1）培养学生的团体协助意识，提高集体荣誉感。

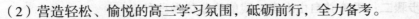

（2）营造轻松、愉悦的高三学习氛围，砥砺前行，全力备考。

（3）更好地发挥团队精神，把班级建设得更好！

【活动方法】

（1）小组间进行AABC式成语PK（语文课正好复习到成语内容）。

（2）进行"我能为集体做些什么"发言。

（3）分享音乐（班歌）相册"有温度而优秀的团队"。

【活动准备】

国庆假期期间让班里专门负责整理班级活动照片和视频的学生提供两年高中生活的照片素材，从中挑选出一些代表性照片制作成音乐相册，命名为"有温度而优秀的团队"。

【活动过程】

步骤一：小组间进行AABC式成语PK

班主任首先把教室讲台前两块黑板平分成四块区域，然后简单制定游戏规则：按照座位编排的四个大组把全班分成四组，以组为单位通力合作，尽可能多想出AABC式的成语。每组派一个代表到黑板前负责对本组想到的AABC式成语进行书写展示。小组间按顺序轮流展示。全班同学监督所有展示的成语不得有重复、卡壳。在规定倒计时内还没有答案的小组被淘汰出局，最后留下来的小组获胜。

（设计意图：活动现场在班主任的精心安排下，学生通过相互帮助、相互信任，协作完成了这场别出心裁的"任务"。PK赛结束，那种默契配合、团结合作的精神仍"回荡"在学生之间，让学生有了满满的收获。）

课堂实录

生1：我们组最后获胜，一共写出了25个AABC式成语。说实话，如果让我一个人来想，在短时间内还真想不出几个。可是当我们一个组的成员通力合作，发现我们的力量真的是无穷的，正所谓"三个臭皮匠胜过一个诸葛亮"！

师：在面对困难或者完成一项任务时，我们需要团结一心，齐心协力，并肩作战，共同克服困难，完成任务。高三生活辛苦，在追梦的路上，让我们并肩同行吧！

（设计意图：让学生通过"趣味知识游戏"PK赛，感悟集体智慧的力量。）

步骤二：思考并自由发言：我能为集体做些什么

 课堂实录

师：从进入高三开始，大家都争分夺秒，希望未来一年能够在这里大展拳脚、奋力拼搏、圆大学梦。但是请记住——独行速，众行远！希望我们高三（12）班的同学手拉手，心连心，一同大步向前冲。只要我们团结一致，一起向同一个目标努力，成功还会远吗？

生1：不远！

师：我们每一个人与班集体都是融为一体的，是不可分离的。要想一个班集体有凝聚力，需要我们每个人的努力和付出。怎样才能增强班集体凝聚力，拉近同学之间距离呢？每个同学都认真想一想，你能为这个班集体做些什么呢？

生2：我是强哥，我喜欢钻研理综，理综也算是我学习上的强项。首先我希望我的理综每次考试都能稳定在年级前三，为班争荣誉。同时我也愿意毫无保留地尽我所能帮助我们班的同学，如放学后留下来集中和大家探讨学习方法，自习课抽时间上台给大家讲解物理试题。

生3：为了方便同学们尤其是不方便读到新闻报纸的住校同学积累作文素材，我会第二天把我家订的《南方日报》《羊城晚报》带到学校来，与大家一起读报，一起了解时事热点新闻，积累写作素材。

生4：高三了，学习上大家都很拼，可是我们也需要一个舒适干净的学习环境。作为劳动委员，我在此向大家承诺，每天打扫责任区的人中，一定有我的身影，同时我也呼吁大家心中都要有我们的"大12"：看到地面有垃圾，随手捡起来放进垃圾桶；看到讲台乱了，随手收拾整洁；看到墙上贴的标语掉了，随手粘贴好……

生5：你们都很棒！我要向你们每一个人学习！我……我……我想了好久，不知道我能为集体做些什么？但是我今天在这里向大家保证：以后我尽可能不迟到，上课遵守纪律，不扣分，不拖班集体后腿，争取考上本科……

全班学生：哈哈哈，厉害了我的哥！（热烈的掌声和无恶意的笑声响起。）

师：众人拾柴火焰高，12班有你更精彩！《淮南子·兵略训》中说："千人同心，则得千人力"。意思是众多的人同心同德，团结一致，这样就具有巨大的力量。一个班集体也是如此，事成于和睦，力生于团结。

苏霍姆林斯基也说过："教育了集体，团结了集体，加强了集体，以后，集体自身就能成为很大的教育力。"一心一力，众志成城，全力备考，相信我们定能在凤凰花开的季节收获胜利的喜悦，实现我们"大12班"2018年高考新的辉煌！

生：谢谢老师！

（设计意图：不是"我希望12班是一个怎样的班"，而是引导每一位学生思考"我能为集体做些什么"，让学生自由发言，踊跃发言，目的是引发思考，感染学生，增强集体主义观念，提高班级凝聚力。）

步骤三：投影班级音乐相册"有温度而优秀的团队"，学生齐唱班歌《相亲相爱的一家人》

（设计意图：在音乐的气氛里，在高一、高二时的活动照片播放中，让学生回忆起过去两年温馨快乐的点点滴滴，真正感受到集体的温暖，意识到在他们的高考备考路上不是一个人在战斗。）

构建优秀的班委会

——班干部队伍建设

梅州市梅州中学 林 丹

【活动适用年级】

初一年级。

【教学形式】

观看班级活动图片、视频，学生发言、小组讨论、反思小结。

【参加人员】

班主任、初一（7）班全体学生。

【活动背景】

班上有些同学对班干部的工作表现不是很满意，班干部有时候也觉得管理班级里的同学很不容易。

【活动目标】

让学生为班集体管理建言献策，热爱班集体，增强班级的凝聚力，共创美好温馨的班集体让学生珍惜班级荣誉感、集体观念，了解彼此的优点，发现不足，总结完善自己。

【活动方法】

小组讨论。

【活动准备】

提前布置，要求全体同学提出关于搞好班级的意见和建议：

（1）班干部说说在管理班集体时遇到了哪些困难？希望如何解决？

（2）非班干部同学给班干部们提意见或建议。

（3）说出班级的优点和缺点，爱护班级，从每一件小事情做起，思考我能为班级做什么？

【活动过程】

步骤一：引入活动

播放班级活动相关视频、图片。

师引导（播放前）：开学初，我们班进行了班级干部竞选并组建了班委会。此后，各位班干部分工明确，积极工作。经过这段时间的努力，在各位班委的团结协作下，班级工作已经基本步入正轨。两个多月来，我们的班委会成员之间增添了不少默契。

在这短短的两个多月时间里，我们班集体共同经历了很多事情，如教师节、月考、校运会、期中考试、家长会等。在这一系列的活动中，我们的班干部发挥着不可或缺的作用。在这里，让我们给辛苦工作的班干部们献上我们最热烈的掌声以表示感谢。

师引导（播放后）：班级里的事，不只是个人的事，更不只是班干部的事。要管理好初一（7）班这个共同的集体，我们每个人都有责任。或许有些同学对班干部的工作不是很满意，班干部有时候也觉得管理班级里的同学很不容易。下面我们请班干部们逐一上台讲讲他们在这段时间里的工作和学习表现，以及今后努力的方向。

（设计意图：寻找班级回忆，引起全体学生共鸣。）

步骤二：班干部真心话

请班级的各位班干部上台谈谈各自的工作和学习表现，以及今后努力的方向。

（设计意图：让全体班干部在全班同学面前表露真情，承认不足，表达努力方向。）

步骤三：小组讨论

（1）全体同学讨论：如何当好班干部？非班干部的同学应该怎样做？

（2）经过讨论，形成共识：

①班干部在班级中的主要作用：

一是桥梁作用。班干部是班主任及各位老师与学生之间的桥梁和纽带，起着上情下达和下情上传的作用。

二是带头作用。通过班干部的先锋和模范作用，可带动中间和落后的学生，从而有利于班级工作的开展。在班主任的领导下，班干部是班级学生组织各项工作的领导者和组织者。

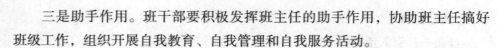

三是助手作用。班干部要积极发挥班主任的助手作用，协助班主任搞好班级工作，组织开展自我教育、自我管理和自我服务活动。

② 作为班干部，我要这样做：本着一颗热忱关爱的心对待同学，本着一颗为同学服务的心对待同学，当一名让同学满意的班干部。

一是尽心尽力为班集体出力，为集体争光，帮助同学；将"班集体的利益为先，个人利益服从班集体利益"作为自己工作的动力，大胆工作。对班级做到负责、有效地进行日常管理，努力实现同学的自我管理。做好卫生、纪律、出操质量等的督查以及作业、各种物品和资料的收发工作。

二是倡导相互关爱，关爱同学。为同学们的切身利益着想，同学们才会对集体更加信任，才能共创美好温馨的集体。每个同学都有自己不同的发展经历和特点，学习、心理、思想各方面的差异显著，要深入了解同学在不同方面的情况，建立信息档案，有效而顺利地进行常规管理。信息档案大致内容：学生的家庭情况、主要经历、生活习性、个性特点、思想状况、历年的学习成绩及学习特点、身体发育和健康状况、获奖经历、特殊经历等。

三是班干部先是学生，然后才是干部，要时时刻刻提醒自己，切不可以凌驾于他人之上的姿态指挥同学做这做那，要始终做同学们的服务者。落实班规班纪、校纪校规。良好的制度、纪律是形成良好班集体的根本保证，要时刻对制度、纪律的执行与遵守情况进行关注，认真贯彻落实制度和纠正错误行为，引导同学们进行自我监督和相互督促，做到公正无私，奖惩分明。

四是做事勤勤恳恳，不拈轻怕重，帮同学、老师做事，都要尽自己最大的努力去做好它，不敷衍了事；除完成自身的学习任务外，积极带领同学参加集体的各项活动。根据本班同学的活动能力，给予指导，以认真负责的态度，目的明确地对待这些活动，增强全体同学的责任感。

③ 非班干部的同学应该这样做：时时刻刻提醒自己对制度纪律认真执行与遵守；配合班干部的工作，对班干部工作进行监督并真诚提出意见或建议；积极参加集体的各项活动，给予热情的关注；始终和同学们一起同忧共喜，为集体的荣誉做出努力；提升自我，反思自己，自我管理。

（设计意图：让全班同学通过对问题的集体大讨论，形成共识，凝心聚力。）

步骤四：签署"我们的承诺书"

我们的目标——共创美好温馨的班集体

初一（7）班全体同学

1. 尽心尽力为班集体出力，为集体争光，给同学以帮助。

2. 倡导相互关爱，为同学们的切身利益着想，努力构建一个同学们信任、美好温馨的班委会。

3. 切不可凌驾于他人之上，真诚做同学们的服务者。

4. 做事要勤勤恳恳，不拈轻怕重，不管是为同学还是帮老师做事，都尽自己的最大努力去做好它，而不是敷衍了事。

5. 本着一颗热忱关爱的心去对待同学，本着一颗为同学服务的心去对待同学，争当让同学们满意的好班干部。

We are "伐木累"

梅州市梅州中学　曾冉芳

【活动适用年级】

初一、初二、高一、高二年级。

【教学形式】

小组讨论、小组竞赛、小组展示。

【参加人员】

初二（10）班全体学生和班主任。

【活动背景】

现在的学生大多是独生子女，在家由于受到父母的溺爱，动手能力差，以自我为中心；在学校做事缺乏责任心，对班集体事务漠不关心。通过此次主题班会的班集体责任教育，重点培养学生对责任的正确认识，增强学生对班集体的责任感和荣誉感。

【活动目标】

增强学生的班级责任感，让学生意识到团结的重要性，最终要求学生反思自己如何成为一名有班级责任感的中学生。

【活动方法】

小组讨论、竞赛等。

【活动准备】

（1）活动材料：PPT、乒乓球、礼品。

（2）收集真人秀"跑男"视频，收集班级活动及班级文化照片，自制成"We are'伐木累'"视频。

【教学过程】

步骤一：播放视频

播放真人秀"跑男"视频，引出今天班会的主题，然后分组进行团队游戏"珠行天下"，获胜组和落后组总结经验和感悟，引起学生的反思。

比赛规则：

（1）全班45名同学按座位号分成人数均等的三个小组。

（2）每个小组队员手拿一本书，将乒乓球运到下一个队员手中，并迅速排到队伍的末端，继续传送前方队员传来的球，直到球安全地到达指定的目的地。

（3）所有参赛队员的手禁止触碰到球，如果球掉地，只能由队长将其捡起，同时回到起点线重新放球。

课堂实录

师：同学们，经过紧张激烈的游戏，你们有什么感受？

第一组同学（失败小组）：我们组从一开始就没什么计划，没有明确每个人要怎么做，所以在整个过程中都比较混乱，团队配合得不好，缺乏合作精神，所以无法达到预期的效果。

第二组同学（获胜小组）：我们组在经过两次乒乓球运送后，队长调整了战略，制定了队形，明确了每个人的任务，每个同学都认真做好自己的工作，并注重与其他同学的配合，所以我们队能快速把球运送到指定地点，赢得最后的胜利。

第三组同学：我们组也在运送了几次之后，商量了作战对策，也明确了每个人的任务，但有个别同学缺乏团队意识，没有做好自己的工作，结果导致整个团队失败。

（设计意图：让学生感悟一个团队的胜利离不开每位队员的努力，一个班的成功也一样，离不开每位学生的努力。）

步骤二：反思与讨论

先让学生反思自己为班级做了什么，播放日常违纪图片，唤起学生记忆，让学生进行小组讨论，自己能为班级做些什么。要成为一名有班级责任感的中学生我们应该怎么做呢？

课堂实录

师：家家有本难念的经，班级建设也一样，每个班都有自己的烦恼。通过刚刚的那些照片，大家都知道了我们班所存在的问题。那么为了更美好的（10）班，今后我们应该怎么做呢？

生1：在纪律上，尊敬师长，团结同学，衣着得体，自觉保持校园整洁，参加活动时应安静有序，上课认真听讲。

生2：在学习上，按时完成作业，认真学习，互相学习。

生3：在卫生上，不吃零食，不乱扔垃圾，注意公共卫生，爱护公物。

（设计意图：让学生自觉感悟到班级的荣辱离不开每一个人的努力，让学生明确在接下来的班级建设中，自己应该做些什么。）

步骤三：播放自制视频

播放自制"We are'伐木累'"视频（学生一起经历过的事），引起学生美好回忆，唤起学生对班级的归属感和爱，最后齐喊班级口号，共唱班歌。

 课堂实录

师：同学们，今天是2017年5月22号，我们一起共同度过了差不多两年的时间。在这期间，我们一起努力，一起参加学校各项活动，一起丰富着属于我们（10）班的美好记忆。（10）班是我们共同的家，它记录着我们每个人的成长，承载着我们每个人的梦想。对于我们共同的家，我们每个人都应该用爱去守护它，让家因你而更美好！最后让我们一起说出我们的口号，唱响同一首歌！

生：先齐呼班级口号："（10）班，（10）班，团结友爱，奋勇争先！"最后齐唱班歌——《追梦赤子心》。

（设计意图：通过共同的美好回忆，唤起学生内心对班级的归属感和爱并时刻牢记"We are'伐木累'"。在班级建设中要有主人翁精神，铭记"我的班级，我的责任"。）

步骤四：课后反思

要求学生针对今天的活动内容进行反思，以"让班级因我更美好"为题写一篇作文，第二天上交给班主任。

（设计意图：让学生把今天的所思所感通过作文的形式记录下来，更能加深学生的感触及记忆。）

精彩校运会　追梦赤子心

梅州市梅州中学　曾娟芝

【活动对象】

高一年级。

【教学形式】

看校运会相册、颁奖视频，PPT图文并茂展示学生代表发言总结，齐唱班歌。

【参加人员】

班主任、高一（16）班全体学生。

【活动背景】

高一年级的学生来自不同的初中学校，面对新的环境，新的老师，新的同学往往无所适从，缺乏归属感，缺乏倾诉的对象，缺乏内心的依靠。倍感孤独是很多新生都会有的心境。

此时校运会的出现可以说是一个非常好的契机。集体性的运动可以拉近人与人的距离；还可以在集体运动中感到趣味与快乐，增强集体的团结、互助与荣誉感，让学生在运动中体会和学会团结、合作、互勉的宝贵情意。因此，作为班主任的我，非常重视本次活动。校运会报名期间，我利用班会课对学生进行校运会动员和情感教育，帮助学生认真看待运动对个人和社会的意义，以及在集体活动中，个人在班集体中的责任感和归属感。

【活动目标】

（1）通过总结校运会中学生们的表现情况，增强学生的集体荣誉感与个人成就感。

（2）通过播放相关视频，感受团结互助、坚持不懈的运动精神，学会感恩同学与老师，并懂得在平时的学习生活中不忘运动，懂得劳逸结合。

【活动方法】

（1）欣赏"汗水挥洒，光芒绽放"视频相册。

（2）一起分享运动员英雄们的成绩。

（3）漫谈校运会收获。

（4）探讨意义。

【活动准备】

校运会前：在班级成立运动会的各职能小组，竞赛小组、宣传小组、后勤小组、摄像小组、啦啦队，并事先选出组长和副组长。

校运会中：各职能小组全身心投入校运会工作中；而作为班主任的我，则带着热情点燃学生的激情，关注每一位运动员，组织学生热心为运动员服务，给他们鼓励和支持。

校运会后：统计参赛情况与获奖情况；收集素材、寻找校运会中贡献突出者；制作相关课件、视频相册；准备班歌《追梦赤子心》。

【活动过程】

步骤一：引入主题

播放网络视频《震撼MV：我们的百年奥运梦》，短片以时间为轴，展现了我国体育事业发展的各个标志性事件，记录了我国体育事业发展的艰苦历程。介绍奥林匹克精神，强调团结、拼搏、进取精神，从而过渡到学校的运动会。

步骤二：总结校运会情况

环节一：播放事先剪辑好的校运会精彩画面和视频

学生活动：观看本校运动会相册视频。（感受到惊喜、敬佩，并在轻松、愉悦的氛围下欣赏视频短片。）

师：看了这段精彩的视频，同学们感受到快乐的气息，如果让同学们用一个词来形容本届校运会，会是什么？

生：非常有意思！

师：主要体现在哪些方面呢？

生：入场仪式非常热闹，每个班集体都想出了很有创意的入场仪式，可谓奇招百出，让人眼前一亮。在比赛中，班里的同学们比平时更有活力，更团结一致了。班里的运动员们努力拼搏，让我们感受到体育精神，让人很感动。校运会也让平日里紧张学习的我们可以得到一次放松身心的机会。

（设计意图：在本环节剪辑好的小短片中，有本班同学在参加前期体育比赛与练习的镜头，有比赛期间本班大本营前运动员热身照片以及后勤组为运动员揉腿喷药的镜头，有比赛中同学们奋勇拼搏、团结合作的视频……让学生在回顾中体会到运动带来的成就感，得到快乐体验，感受到运动会的热烈氛围。）

环节二：颁发奖状和奖品

作为班主任，我一向很重视学生的集体活动，在集体活动中更能发现学生的闪光点，挖掘出学生各方面的潜能。所以，对平时考试成绩一般不主张奖励学生的我，对这种集体活动却往往很重视鼓励学生。本次校运动会后的周末，我和班上几个班干部一点都没闲着，统计好奖励名单和项目，购买奖品。我们设置的奖励包括：①奖励所有参赛运动员；②奖励获奖运动员；③奖励校运会中有突出贡献者。

班会课前我已经制作好PPT，把所有参赛运动员的姓名和参赛项目罗列出来，把所有获奖运动员的奖状和抓拍的照片放在一起展示，把运动员的矫健身姿呈现出来。

我一边播放PPT，一边在乐曲声中颁发奖状、奖品，然后与学生合影。其他学生予以热烈的掌声祝贺他们。

环节三：漫谈校运会

师：如果给同学们一个对运动健儿们表白的机会，你们会对他们说些什么？

生（认真、诚挚地）：从我们班运动员报名参加运动会那一刻起，他们就成了我心中的英雄，因为他们勇敢地迈出了第一步；而且他们并不是一个人在战斗，他们的身边有我们为他们加油鼓劲，做他们坚强的后盾！

师：在体育活动中，除了运动健儿们的拼搏，还有其他同学在默默奉献和团结一致地进行合作，他们也为我们校运会成绩的取得立下了汗马功劳，所以，我们也不能忘记他们。

生1：是的。我特别赞同。我们后勤小组递上一杯水，传递一片情意，照看一堆行李，让运动员轻松上阵。后勤小组，你值得拥有！

生2：还有我们摄影小组，我们用手中的相机记录下运动员们最潇洒的一刻。

生3：还有我们啦啦队成员，都是运动员们的超级粉丝。每次一起冲向胜利终点的，除了运动员们，还有我们啦啦队的加油助威声！

生：哈哈哈哈哈哈……

师：同学们都非常棒！冠军只有一个，英雄却可以有很多，对于运动会，重在参与，乐在过程。我们能取得这么好的成绩，要感谢所有的同学！

（设计意图：通过这样的漫谈，让同学们看到集体的力量。期待在以后类似的集体性活动中，同学们会多一份热情、多一份拼搏、多一份承担。）

步骤三：探讨校运会的意义，提出希望

（1）邀请多名学生谈谈：通过视频，你看到了什么，感悟到了什么？学会了什么？邀请多名学生分享自己的想法。

（2）学生各抒己见，教师概括学生们的感受之后，指出学校举办一年一度的运动会不仅锻炼了学生的身体，活跃了校园气氛，还增强了学生的集体观念，培养了学生的团结合作精神，等等。

（3）展示清华大学体育场的一幅标语"为祖国健康工作五十年"，希望学生在平时的学习中不要忘记锻炼身体，要记得劳逸结合。

（4）老师小结：一场激烈的运动竞争已经结束，又一场没有硝烟却更激烈的竞争正在展开——明天的月考。我希望同学们能在考场上全力以赴。

（设计意图：期待他们带着运动场上那种拼搏进取、永不言败、团结一致的精神重新投入紧张的学习中，让这种精神激励着他们在以后的学习和生活中取得更多、更大、更理想、更优异的成绩。）

步骤四：齐唱班歌

齐唱班歌《追梦赤子心》，感受歌词的力量！

第四章

目标理想

4

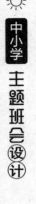

圆梦巨人

梅州市梅州中学　谢　静

【活动适用年级】

高二年级。

【教学形式】

体验式游戏活动、小组讨论。

【参加人员】

班主任、全体学生。

【活动背景】

高二学生拥有一定的理性思维，对自己的定位有一定认识，但对未来的职业规划缺乏肯定的认知。多数学生在现阶段也普遍缺乏远大理想，缺乏坚定的信念和坚决的行动。通过班会课可以帮助他们树立远大的梦想，自发地为了实现中国梦而奋斗，引导他们认识到自身的历史使命和责任感。

【活动目标】

（1）让学生意识到树立人生梦想和圆梦的重要性。

（2）通过体验游戏增进学生间的感情。

（3）帮助学生设想自己大学专业和制订未来职业规划。

【活动方法】

体验式游戏活动、小组自由讨论、绘制思维导图等。

【活动准备】

（1）活动材料准备：A3纸张、彩笔、报纸。

（2）提前让学生完成"霍兰德SDS职业兴趣测试"的测试题，但不揭晓结果。

（3）提前让学生回去换算体验式游戏（二）"数学算算算"的数学题。

（4）下载《大梦想家》伴奏和制作班会PPT。

【活动过程】

步骤一：引入主题

1. 体验式游戏（一）——"职业猜猜猜"

"职业猜猜猜"游戏设计规则：①根据同学的描述，猜一职务；②表述的同学可以进行口头和肢体表达；③表述中不能涉及答案的字眼。

"职业猜猜猜"游戏设计过程：6名学生将游戏中的职业（校长、院士、律师、SOHO族、农民和个体户）表达出来，让全班学生猜。

2. 展示"职业金字塔"

让学生把刚才的职业定位在金字塔的位置。

教师引导：那么现在的你有自己的职业梦想吗？如果你没有梦想，应当如何去寻梦呢？假如你拥有梦想，而你又应当如何去圆梦呢？接下来我们一起开始今天"圆梦巨人"的班会课，一起开始我们的寻梦圆梦的旅程。

（设计意图：通过"职业猜猜猜"体验式游戏激发学生的兴趣，起到良好的热身效果。再通过"职业金字塔"的图表引入本节班会课的主题。）

步骤二：圆梦巨人——寻梦

1. 展示新东方CEO俞敏洪老师的名言

青春和三个想有关，梦想、理想和思想。如果我们能够坚持自己的理想，追逐自己的梦想，并有自己独立的思想时，我们的青春就已经开始了。

——俞敏洪

要先分析自己的现状，分析自己现在处于什么位置，到底具备什么样的能力，这也是一种科学精神。给自己制定目标，从某种意义上说，树立具体目标和踏实地去实现它是同等重要的。

——俞敏洪

教师引导：长大后你想做什么？你的职业梦想是什么？

教师引导：通过新东方CEO俞敏洪老师的名言让我们明白"寻梦"的必要性和"寻梦"的科学性，作为高中生我们要有梦想，更要科学性地去寻找梦想。那么我们应该如何科学有效地去寻找适合我们自己特点的梦想呢？

2. "霍兰德SDS职业兴趣测试"

该测试由美国心理学家、职业指导专家霍兰德编制，他认为职业选择和人格类型、兴趣密切相关。通过此测试可以让高中生正确选择自己的大学专业和进行职业规划。

"霍兰德SDS职业兴趣测试"活动设计过程：①让学生完成60道SDS职业测试题目；②让学生根据计分判断自己属于哪一种人格类型；③让学生结合职业测试结果和自身的兴趣在便笺纸上写出自己的职业梦想。

课堂实录

教师引导：请同学们根据"霍兰德SDS职业兴趣测试"的心理测试结果以及自己的兴趣找到自己的职业梦想并写在便笺纸上。

教师引导：请已经完成寻梦的"巨人们"与大家分享你所寻觅到的梦想吧！

（设计意图：通过俞敏洪的名言打开学生寻梦的天窗，通过"霍兰德SDS职业兴趣测试"帮助学生更好地认识到自己的优劣势，明确自己的兴趣爱好，给大学的专业选择以及职业梦想提供科学性参考。）

步骤三：圆梦巨人——圆梦

1.展示蜗牛和雄鹰的图片以及俞敏洪的名言

相信蜗牛绝不会一帆风顺地爬上去，一定会掉下来，再爬，再掉下来，再爬。但蜗牛只要爬上了金字塔顶端，它所看到的世界，它所收获的成就，跟雄鹰是一样的。所以生命的起点由不得自己选择，但是生命的终点是由自己决定的。

——俞敏洪

教师引导：同学们，从图中和俞敏洪的名言中体会一下在圆梦征途上我们需要什么正能量呢？这种正能量你有吗？接下来让我们玩两个游戏，一起领悟圆梦需要什么品质？而你们是否拥有这些品质？

2.体验式游戏（二）"数学算算算"

游戏设计规则：让学生根据以下公式的条件，计算各字母代表哪些数字。

$$
\begin{array}{r}
\text{DONALD} \\
+\text{GERALD} \\
\hline
\text{ROBERT}
\end{array}
\qquad \text{D}=5
$$

游戏设计技巧：提前一天给学生布置，无须强调学生必须完成，方可见学生的自主性。

课堂实录

教师引导：为什么你没有完成该游戏？为什么别的同学完成了？原因在哪里？

教师引导：那么完成游戏的同学具有什么品质呢？（坚持不懈、永不放弃、不畏艰难、数学知识扎实……）

3. 体验式游戏（三）——"小组抱抱抱"

游戏设计规则：①小组成员合抱站在报纸上，站上去的方式不限，但脚均不能碰到报纸以外的地面；②能够持续站10秒钟算过一关；③在游戏过程中可以内部交流，过关次数最多的为优胜组。

游戏过程：将报纸发到各小组，音乐响起的时候游戏方可开始。第一轮是将一张报纸平铺在地上，第二轮是将报纸对折再比试。

课堂实录

教师引导：为什么X小组没有完成该游戏？为什么Y小组却能完成？原因是什么？

教师引导：那么完成游戏的Y小组具有什么精神呢？（坚持不懈、团队精神、善于利用有利条件……）

（设计意图：以新东方CEO俞敏洪成功的秘诀的名言引发思考，让学生通过两项游戏感悟要达到目标完成梦想所需的品质。）

4. 体验式活动（四）——画"圆梦导图"

活动设计规则：①用思维导图为梦想导航；②小组成员选一名组员的梦想为其导航；③小组代表上来展示圆梦导图。

游戏过程：将A3白纸发到各小组，让选中的组员将之前写的寻梦便贴纸贴在白纸中间；然后全组将讨论结果以思维导图的方式用彩笔画在白纸上；最后请选中的组员上台展示小组成果。

课堂实录

教师引导：梦想不是随随便便就可以实现的，每个人都需要努力地付出，执着地追求。怎么去付出？我们平时应当如何为梦想的实现积累更多的正能量？现在我们可以用思维导图的形式将圆梦的过程具体化。

教师引导：当我们画完圆梦导图后，就可以用它来激励和引导你创造的真实未来，尽可能使它变为现实，自己才可成为真正的圆梦巨人。例如，中国首富王健林和美国体育巨星科比身上就具备圆梦精神。

（设计意图：让学生自己和组员通过思维导图的方式找出圆梦的必需条件，从而激励和引导学生创造真实的未来，为学生增添力量和希望。）

步骤四：圆梦巨人——合唱歌曲《大梦想家》（歌曲略）

（设计意图：通过合唱与本班会主题吻合的歌曲《大梦想家》学生不但能升华情感，而且能感受到班集体的凝聚力；从《大梦想家》引出柏拉图、孔子和孙中山等古今中外名人孜孜不倦寻梦的故事；进一步将主题升华为：高中生在实现自己的青春梦的过程中，也是在共筑中国梦，是在为实现中华民族伟大复兴的中国梦而不懈奋斗。）

步骤五：圆梦巨人——梦想蓝图

要求学生用思维导图的模式绘制一份自己的梦想蓝图作为本周班会作业。

老师去哪儿

梅州市梅州中学　罗庆松

【活动适用年级】

高一年级。

【教学形式】

体验式行走活动、小组讨论。

【参加人员】

班主任、3名科任老师、全体学生。

【活动背景】

高一新生入学后对高中学习生活不够适应，跟新老师还不够熟悉，学习目标还不明确。以电视节目《爸爸去哪儿》的形式引入"老师去哪儿"的行走体验活动，让学生在体验中发现目标的意义，明确高中的学习目标，引导学生制订高中学习的总体目标和计划。

【活动目标】

（1）让学生意识到设立人生目标和计划的重要性。

（2）通过体验行走活动增进师生感情。

（3）帮助学生制订高中三年的学习计划与目标。

【活动方法】

体验式行走活动、小组自由讨论、画图等。

【活动准备】

（1）活动材料准备：A4纸、笔、任务纸条。

（2）邀请班级科任老师3名。

（3）收集《爸爸去哪儿》主题曲MV和科任老师照片，制作活动PPT。

【活动过程】

步骤一：引入活动

播放《爸爸去哪儿》的主题曲MV，吸引学生注意力和兴趣，然后引出本节课的体验活动——"老师去哪儿"。

课堂实录

师：同学们，你们想不想你们的老爸也能带你们去跋山涉水，探险猎奇？

生：想！

师：其实，你们的身边，一直都有充当"老爸"角色的人在陪伴着你，带领你们去领略世界的奥秘，引领你们去攀登知识的高峰。大家知道他们是谁吗？

生：老师！

师：是的，老师会一直陪伴着你们度过学生生涯。而今天我们也安排了一个特别的主题活动——"老师去哪儿"。

（设计意图：提起学生兴趣，起到良好的热身效果，引入活动。）

步骤二：任务活动

（1）介绍参加活动的本班3位科任老师，将3位老师分为3组，分发任务纸条给每位老师，然后由学生自由选择进入各个老师所带领的组，跟随所选择的科任老师去完成目标。

环节小技巧：①热身介绍。对老师的介绍要生动有趣，如高大威猛的数学老师，温柔美丽的语文老师，风度翩翩的英语老师，等等。②分组技巧。给学生20秒钟时间迅速选择要跟随的老师。

（设计意图：设置活动悬念，活跃气氛，增加师生的亲密度。）

（2）分组安排。

第一组：语文老师。

任务纸条内容：带领本组学生在校园周围走，不需要跟学生解释任何目的和活动的结束时间，随意安排行走的地点，也可在行走的过程中在校园的某个地点休息，注意学生的反应，5分钟后带本小组回教室。

第二组：英语老师。

任务纸条内容：带领本组学生往东山教育基地方向（距离本校比较远的地点），计算好时间（5分钟），一开始不告诉学生目的地，走1分钟，慢跑

1分钟，然后跟学生说此行目的地（东山教育基地），询问学生是否能在接下来的3分钟走完，得到学生否定回答后，带学生回教室。

第三组：数学老师。

任务纸条内容：先召集本组学生，说明今天行走任务的时间和地点：电教大楼—生物园—图书馆—紫华阁—九十周年大礼堂—操场—伯聪体育馆—高二教学楼—高三教学楼—会文堂—电教大楼，跟学生明确提出必须在5分钟内走完这个路程，同时告知要记住这些地点的相关知识，询问学生是否能够完成。

任务设置意图：

第一组属于无计划无目标的行走任务。

第二组属于计划超过能力的行走任务。

第三组属于有计划有目标的行走任务。

这三组任务设置的目的是让学生发现高中三类学生的学习状态。

步骤三：讨论阶段

1. 讨论思考

发放纸张，要求学生回忆活动过程，画好他们本小组的路线图，回忆老师的要求和同学们的表现。随机采访各个小组的一名成员，总结本小组活动的路线图，询问本小组的活动情况，其他的小组成员可以补充。

问题：

（1）请你告诉大家你们小组的活动路线图，其他组员可以补充。

（2）在参加活动的过程中，你有什么感受？

（3）其他小组成员有什么表现？

课堂实录

第一组同学："老师就带着我们行行走走，也没有跟我们说什么，然后我们就回来了。对于路线我们没多大印象，好像去了莲塘、紫华阁、操场等地方，老师没说对我们有什么要求。"本组展示的路线图明显杂乱无章，组员对行走过的地点也没什么印象。

第二组同学："老师一开始没有说什么，只是带着我们走来走去；然后跟我们说去东山教育基地，问3分钟内是否能够完成任务？虽然我们都很有信心，但是实际上大家都知道走路是完成不了的，不过有些同学认为搭车还是可以完成的。"本组展示的路线很统一，简单的两个地点，但是组员对没完成任务非常不甘心。

第三组同学："老师一开始就跟我们明确了要走的路线，要经过哪些地点。同时老师在行走的过程中，不仅要求我们把经过的地点的相关内容记下来，还要求我们要在5分钟内完成！大家都很有信心，在老师的带领下，事实证明我们4分钟左右就回来了！这是一个很棒的团队！"本组组员展示的路线图非常清晰，并且对老师对行走过的学校地点的介绍记忆深刻，学生不约而同都树立了要尽快完成目标任务的决心。

2. 领队老师点评

由各小组的领队老师先解释自己组所接到的任务，然后对小组活动中学生的表现进行点评。

第一组：语文老师。

第一组的同学在跟我执行任务的时候，一开始都很乖地跟着我走。但跟了2分钟后，开始变得比较随便，随处逛和聊天，有部分同学想问我好像又不太好意思。

第二组：英语老师。

第二组的同学在跟我执行任务的时候，一开始都很兴奋。走了2分钟后，当我提出能不能在3分钟内走到教育基地并返回的时候，同学们都懵了，因为这是一个不可能完成的任务。但是要表扬大家的是，有部分同学马上提出诸如快跑、搭车、开飞机等脑洞大开的思路，不失为是一种针对问题的思考。

第三组：数学老师。

我们第三组在开始执行任务前，我按照安排的任务，把行进路线一一跟同学们讲清楚，并表明按照正常的行走时间，这段路要花10分钟左右，但现在任务要求5分钟完成。当我询问大家是否有信心完成任务的时候，大家都满怀信心，最终大家不仅4分钟就完成任务，而且还能够记住这些地点的特点，非常不容易！

（设计意图：让学生和老师各自讲述自己的观点和立场，让学生发现问题，引导学生思考。）

3. 讨论思考

问题的设置：如果把刚才的三种情况放到我们高中的学习生活中，你认

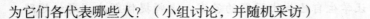

为它们各代表哪些人？（小组讨论，并随机采访）

引导：

第一组同学：无计划、无目标的同学，

第二组同学：一开始没目标，但是后来有目标又不够切合实际的同学。

第三组同学：有目标、有计划、有行动的同学。

课堂实录

师：同学们，大家讨论得非常好。其实今天的任务就是针对现在刚上高中，同学们容易出现的状况而设置的。第一组的同学就属于无计划、无目标的同学。这些同学对于学习是"脚踩西瓜皮——滑到哪里算哪里"，虽然每天听老师讲课，但是不知道为什么学和该怎么学。这样的同学不仅学习被动、懒散，而且知识点掌握不牢，容易找各种借口给自己放松。

第二组同学在我们高中是比较普遍的一类同学。这类同学往往一开始没什么目标和计划，但是到了高二、高三突然就给自己设定了一个很远大的目标，但是经过一段时间的努力，发现达不到要求，容易产生放弃心理。

第三组的同学是非常棒的同学，能够做到这样有目标、有计划、有行动的同学往往就是我们经常说到的"学霸"了。大家看，他们相信老师，跟着老师的步骤走，不搞个性化和单兵作战，形成良好的团队氛围，这就是我们所说的班级学习气氛，所以他们就能够在规定的时间内完成一般不可能完成的任务，变不可能为可能。

大家认为你们想要成为以上三组同学中的哪一类？

生：第三类！

师：非常好！同学们，你们现在已经迈出成功的一步了。将来的高考就像我们今天的任务一样，要求你们脚踏实地，加强行动力、意志力、持久力和团体的作战能力，希望大家能够紧跟老师的步伐，树立目标，了解高考题目、题型，明确每科的目标，并时刻督促自己。现在我给大家展示一张我们高中三年每学期的学习计划路线图，希望大家能够按照这个路线图，绘制属于你自己的路线图，并在每学期期末好好地检查自己，是否完成了目标，出现了什么问题，如何来解决这些问题。大家说好不好？

生：好！

（设计意图：让学生自己找出问题的答案，老师提供解决问题的思路，说服力水到渠成。）

步骤四：制订目标与计划

要求学生针对高中三年为自己每学期设定一个目标与计划，第二天上交给班主任。

树远大的目标　展开理想的翅膀

梅州市梅州中学　梁庆霞

【活动适用年级】

高二年级。

【教学形式】

小组活动。

【参加人员】

班主任、高二（10）班全体学生。

【活动背景】

高二（10）班虽然是我校理科重点班，但是大部分同学学习目标不明确，有严重的拖延症，满足现状，缺乏进取心，自信心不足，没有目标，自由散漫。

【活动目标】

联系实际，让学生看到自身的不足，明白要设立人生目标，为实现理想应不怕苦、努力奋斗拼搏的道理。

【活动方法】

歌曲表演、知识问答、情景剧表演、思考与讨论。

【活动准备】

励志视频、小组比赛PPT、情景剧、知识竞赛、歌曲等。

【活动过程】

步骤一：引入主题

由学生表演一段情景剧，学生观看后理解并进行小组讨论，然后发表自己的观点：这个故事说明了什么？

剧情：拿破仑·希尔曾经讲过一个令人醒悟的故事。赛尔玛陪丈夫驻扎在沙漠中的一个陆军基地里。丈夫经常外出演习，她一个人留在陆军的小铁皮房子里，奇热无比，又没有人和她聊天，周围都是不懂英语的墨西哥人和印第安人，她很难过地写信对父母说："一心想回家去……"她的父亲给她回了一封信，信中只有两行字，但这两行字却永远刻在她的心中，并改变了她的生活。这两行字是什么呢？"两个人，从牢中的铁窗望去，一个看到泥土，一个却看到了星星。"

从此，赛尔玛决定在沙漠中找到自己的星星；她观看沙漠的日落，寻找到几万年前留下的海螺壳；她和当地人交朋友，互送礼物；她研究沙漠中的植物、动物，又学习有关土拨鼠的知识；她把原来认为最恶劣的环境，变成了一生中最有意义的冒险，并出版了一本书《快乐的城堡》；她从自己的牢房中望去，终于望到了自己的星星。

📖 课堂实录

师：是什么让她发生了如此大的转变呢？（留给学生讨论的时间）

生1：是她父亲的话启发了她，使她看到了自己的希望。

生2：沙漠的环境没有改变，小铁皮房也没有变，气温也没有变，印第安人也没有改变，改变的是她的心态。就是当人遇到困难时，坏心态让你退缩，并陷入悲观的深渊，好心态让你乐观，并能获得成功的喜悦。可见成功与否取决于一个人心态的好坏。

师：对啊，我们积极对待生活，生活就积极回馈我们，良好积极的心态是乐观、热情、大度、奉献、进取、自信、必胜、有强烈的成就感，这就要求我们以满腔的热忱对待学习和生活。同学们，你们认为这种热忱在我们学习生活中的表现是什么？

生3：如果你有了这样良好的心态，你就会发现自己心中的星星，你就会发现学习的乐趣。数学是多么的严谨，不再枯燥乏味；语文时刻折射着哲理和美，它让你在李白、苏轼、雨果、巴尔扎克那里做客畅谈；英语将为你打开一条通向异国的通道。生活也不再是单调的三点一线，而是一条通向成功的坦途，是生命交响曲最华丽篇章的主旋律的前奏。你会为之兴趣盎然，你会全身心地投入学习中去，你每天都会以热切的心情期盼新一天的到来。

师：太好了，那么我们如何才能拥有这种热忱呢？

生3：要有理想、有追求。

师：很好，理想和追求就是我们奋斗的目标，是我们产生热忱的源泉。在这里我想用青年毛泽东的诗句来回答大家，"数风流人物，还看今朝"。同学们现在都是风华正茂的年华，"少年立志，当凌云"。我们现在正是人生的黄金时期，有旺盛的精力，有惊人的记忆力。自古英雄出少年。微软公司中国研究院首席科学家张亚勤博士，是美国IEEE学会成立110年来最年轻的（只有31岁）院士；世界级科学家、做出突出贡献的优秀学位获得者是32岁的周逸峰；中国科学院武汉植物研究所副所长、湖北新长征突击手是33岁的计算生物学家钟杨研究员；美国五大证券公司之一的培基公司的高级副总裁是26岁的黄泌；清华大学紫光集团副总裁是31岁的郭之林……这些活生生的例子，无一不证明了这一点。

师：人生短暂、青春易逝、时不我待。我们要树立远大的理想，确定一个明确的目标。

（设计意图：让学生通过这个环节明白同一种环境，有的人看到黑暗，有的人看到希望、看到美好的东西并为之而奋斗；让学生意识到理想与目标的重要性，有了目标与理想，就能拥有良好的心态。）

步骤二：知识竞赛

进行分组小知识竞赛，说出主持人所描述的是哪位伟人？学生进行抢答。

课堂实录

师：让我们看看伟人们是如何立志成才的！请看投影，知识问答（播放PPT。）

（1）有位少年在青年时代就立志报国，树立了献身革命的志向。他在中学读书时，同学称他"身无分文，心忧天下"。1914年他在长沙第一师范读书时，全部的费用只有几块大洋，而三分之一都被他花在订报纸上。他与同学有三不谈：不谈金钱，不谈身边琐事，不谈恋爱。他认为，改造世界对学问知识的需要太迫切了，一定要珍惜宝贵的青春，把时间和精力花在有价值的事情上。请问这位少年是谁？（说出答案后要小小点评一下）

A. 孙中山　　　　B. 毛泽东　　　　C. 周恩来　　　　D. 鲁迅

答案：B

（2）20世纪初在沈阳一所小学，校长问同学们"你们为什么读书"。课堂上顿时寂静无声。停了片刻，一个同学站起来回答："读书是为了寻求生路。"另一个同学说："为了光宗耀祖。"这时，一个学生站起来，昂首挺胸地说："为了中华之崛起，腾飞于世界而读书！"当时这位少年年仅12岁。请问这位少年是谁？

A. 毛泽东　　　　B. 周恩来　　　　C. 巴金　　　　D. 刘翔

答案：B

（3）哥赫巴德猜想一直被看作数学王冠上的明珠。200多年来，有不少科学家试图制服它，并因此耗费了巨大的精力，却始终没有成功。有位中国少年暗暗立志要摘取这颗明珠，他把它当作自己的事业和理想。他拼命积累知识、奋力演算难题，草稿纸算了一麻袋又一麻袋。最后终于用自己的智慧和理想的合力，移动了数学群山，摘取了数学王冠上的这一颗璀璨的明珠，发明了以他姓氏为名的定理。请问这位少年是谁？

A. 牛顿　　　　B. 巴金　　　　C. 陈景润　　　　D. 刘翔

答案：C

（4）一名大学生在毕业后选择以街边擦鞋为生，朋友们离弃他，家人也不理解他。面对歧视，他依然走过8年的创业之路，他的理想信念是："想要自己干一件自己的事！"他成功了，如今他已经在全国拥有80多家擦鞋加盟店。他是谁？

A. 罗福欢　　　　B. 巴金　　　　C. 陈景润　　　　D. 刘翔

答案：A

师：刚才所说的卓有成就的伟大人物都有着远大的理想，并且为了实现理想付出了不懈的努力！没有理想的生命就像没有风的帆。

（设计意图：让学生学习和感受更多因为有理想而成功的例子。）

步骤三：小组展示

各小组展示课前制作好的PPT，展示各类为理想而奋斗的人物图片和故事，让全体同学进一步明确理想与目标给人的引领作用。（内容略）

（设计意图：强化对理想的理解，理想是导航灯，让学生明白为理想而奋斗的人生才有意义的道理。）

步骤四：树立自信

（1）播放视频：《蜗牛的理想》。讲述蜗牛和雄鹰的故事。

（2）让学生根据视频畅谈感受和收获。

师引导：同学们，虽然我们现在正在艰难地跋涉，但是，只要我们心中有梦，我们就能够像蜗牛一样一步一步往上爬，我们也能在最高点乘着梦想往前飞。相信，总有一天我们会拥有属于我们的天空。那么同学们会如何实现自己的理想呢？你有什么具体有效的措施呢？请同学们畅所欲言吧！请同学们进行反思，反思自己的现状，找到解决的办法。

（设计意图：通过蜗牛的视频来鼓励缺乏自信的同学，只要保持努力，蜗牛也一样可以和雄鹰一样爬上金字塔顶端，看到和雄鹰看到的一样的风景。）

步骤五：种下班级的理想之树

（1）让学生把自己的理想写到一张叶状的彩色纸上。

（2）在小组里画"理想之树"，并派代表进行展示。

（3）请班里的小歌手领唱歌曲《真心英雄》，其他同学伴唱；全班合唱《我相信》。

（设计意图：在班级里设立目标栏——班级之树，从输入信息到内化为学生自己的目标与理想，使学生参与其中。）

步骤六：教师总结

教师总结：每个人都有自己的理想，这种理想决定着他的努力方向。在人生道路上照亮我们，并且不断地给我们新的勇气，让我们愉快地正视生活的理想的是真、善和美。理想是美好的，但没有意志，理想也只不过是瞬间即逝的彩虹。世界上最快乐的事，莫过于为理想而奋斗。伟大的理想只有经过忘我的斗争和牺牲才能胜利实现。我希望同学们能树立自己的理想并为之而奋斗，这样我们就能拥有一个美好的明天。我相信，经过奋斗的人生是五彩斑斓的人生，是无怨无悔的人生，也会是辉煌的人生。请同学们一起合唱《我相信》，让我们为了更好地明天而树立远大的目标，让理想展翅高飞！

步骤七：课后汇总

课后把各小组的"理想之树"汇集起来建一棵班级的"理想之树"。

规划人生　立志成才

梅州市梅州中学　梁莹莹

【活动年级】

高二年级。

【教学形式】

小组讨论、发言、演讲、视频。

【参加人员】

班主任及全班学生。

【活动背景】

高中生面对着人生的第一个重大转折点，面临高考的学生可能会感到迷茫，遇到挫折时不能及时地调整自己，没有足够的自信和勇气去克服困难。为了引导学生向着自己的目标不断奋进，希望通过此次主题班会，帮助学生明确学习目标，启发学生制定合适的目标与理想。人生的航道不仅要由学生自己定舵把航，也需要教师指引，这样学生对待理想才会有一个积极的态度。希望学生体会此次主题班会的意义，做一个有知识、有目标、有理想的奋斗青年。

【活动目标】

（1）引导学生畅谈人生理想，合理规划人生。

（2）使学生认识到确立目标的重要性，并教给他们合理确立目标的方法。

（3）启发学生用目标制订计划，指导行动。

【预设方案】

（1）营造气氛，明确树立理想的重要意义。

（2）畅谈理想，明确自己的人生目标。

（3）规划自己的人生。

【活动准备】

（1）每位学生思考自己的理想是什么？说出你的故事。

（2）5个小组成员根据自己的实际情况制定目标，制作PPT由组长上台展示。

【活动过程】

步骤一：引入主题

📖 **课堂实录**

师：苏格拉底曾说"世界上最快乐的事，就是为了理想而奋斗"，同学们对此有同感吗？

生：有，我为了自己的大学梦而努力着，感到很快乐。

生：每一次考试的进步，我都为自己的努力而兴奋。

师：对，理想是没有高低、贵贱、大小之分的，当我们为之而努力时，那种感觉就是幸福的。

师：古语说，"有志者事竟成"，伟人毛泽东、周恩来年轻时就树立了"立志报国"的远大理想。

（PPT上展示两位伟人的事迹。）

师：看了两位伟人的故事，同学们有什么感想？谈谈你的感受。

生："为了中华民族之崛起，腾飞于世界而读书"激励了一代又一代年轻人。

生：实现理想，需要对人生做出规划。

（设计意图：展示伟人的事迹更生动形象，可使学生明白：实现理想，需要对人生做出规划。）

步骤二：问题生成

（1）你的理想是什么？

（2）你准备怎样去实现理想？

（3）你在遭遇挫折时，是否有过放弃理想的念头？

（设计意图：小组讨论，让学生自主发现问题、解决问题。）

步骤三：互动探究

📖 **课堂实录**

师：从同学们刚才的讨论中，我们能够发现大多数的同学都树立了自己的目标和理想，但是大家对自己实现理想的方向不太明确，并且大多数同学都在遇到挫折时有过放弃的念头，那坚持自己的理想到底对我们有多大的作用呢？接下来我们就来看看哈佛大学的一个调查。

PPT展示：哈佛大学一个非常著名的关于目标对人生影响的跟踪调查。该项调查的对象是智力、学历、环境等条件都差不多的年轻人，调查结果发现：

27%的人，没有目标；

60%的人，目标模糊；

10%的人，有比较清晰的短期目标；

3%的人，有十分清晰的长期目标。

师：大家来猜测一下他们25年以后会有怎样的命运呢？

（学生讨论）

生1：第三类人目标明确，我猜测他们日后定有所成就。

生2：第四类人不但目标明确，还能长期坚持，肯定会成为成功人士。

师：刚才大家都讨论得十分激烈，猜测结果主要是第三类和第四类，认为这两类人有比较大的成就。下面让我们来看看调查结果吧。

PPT展示：25年的跟踪调查发现，他们的生活状况十分有意思。

那3%的人，25年来几乎都不曾更改过自己的人生目标，他们始终朝着同一个方向不懈地努力。25年后，他们几乎都成了社会各界顶尖的成功人士。他们中不乏白手创业者、行业领袖、社会精英。

那10%的人，大都生活在社会的中上层。他们的共同特点是，那些短期目标不断地被达到，生活质量稳步上升。他们成为各行各业不可缺少的专业人士，如医生、律师、工程师、高级主管等等。

那60%的人，几乎都生活在社会的中下层。他们能安稳地生活与工作，但都没有什么特别的成绩。

剩下的27%的人，他们几乎都生活在社会的最底层，他们的生活都过得很不如意，常常失业，靠社会救济，并且常常在抱怨他人，抱怨社会。

师：由此得出结论，目标对人生有巨大的导向性作用。成功在一开始仅仅是一个选择，你选择什么样的目标，就会有什么样的成就，就会有什么样的人生。同学们自己反思一下，你是这一调查结果中的哪一类人呢？你是否拥有一个明确的短期目标和长期目标呢？

（设计意图：用数据说话，通过类比，更清晰、明确四类人不同的命运。帮助学生寻找自己的理想，早日确立学习目标，努力学习，积极向上。）

步骤四：畅谈理想，采访现场

由2位学生主持人和同学们一起探讨理想的重要性，并现场采访同学们。

主持人：请大家谈谈为了追求自己的理想，你是怎样做的？

生1："只要有机会，我就要反抗命运"贝多芬的名言一直激励着我。我的人生目标是将来开一间属于自己的公司，实现我的人生价值。

生2：我的人生我主宰，我很喜欢唱歌，虽然现在我离目标还很远，但只要认定一个目标，勇敢地走下去，相信早晚会迈进成功的殿堂。（掌声）

（设计意图：通过现场采访、讲故事等活动，启发学生认识到树立理想的重要性，激发学生树立理想的热情。）

步骤五：目标制定

第五小组的组长介绍他们小组成员制定的目标（PPT），以此为契机引导同学们根据自己实际情况制定目标。

小结：如果我们已经确立了自己的理想，就必须树立一个又一个小目标，而现在只能做一件事情了——脚踏实地。因为我们都知道，空想什么都不能实现。

（设计意图：通过活动，引导学生清醒地对自己定位，确立目标，成为有理想，有追求的青少年，扬起理想的风帆，抵达成功的彼岸。）

步骤六：收获与思考

教师总结：在我们的心中，理想是一个很崇高的字眼，它像一座灯塔，指引着人生前进的方向，照亮着人生前进的路程。这节班会课让我们了解了古今中外在事业上有成就的人为我们提供的一条基本的经验是：千里之行，始于足下。成功是由一个个目标的不断实现而积累起来的。从今日开始努力，就能一步一步登上高峰，欣赏壮丽的景色。也许努力了不一定会成功，但不努力一定不会成功。

前人说得好：有志之人立长志，无志之人常立志。同学们你们是立长志之人，还是常立志之人，相信大家都有了答案。

最后把我们班同学最熟悉的三班的标志性名言送给大家：奋斗吧！将来的你会感谢现在拼搏的自己。

畅谈人生理想　树立学习目标

梅州市梅州中学　温志强

【活动适用年级】

高中。

【教学形式】

播放视频、小组讨论、问卷测试。

【参加人员】

班主任、高二（14）班全体学生。

【活动背景】

高二学生对于高中生活已经基本适应了。高二是关键、转折的一年，为高三的拼搏打下基础，每位学生心中都应该树立远大的理想和目标，尤其对于一年半后的高考更要有目标，这样学习才有目的，奋斗才有动力。在这样的背景下开展此次主题班会，能够让高二的学生树立一个奋斗的目标，对下一阶段的学习有一种强烈的促进作用。

【活动目标】

（1）让学生意识到理想与目标的重要性。

（2）通过学生讨论发言增进同学之间的感情。

（3）帮助学生制定自己下一阶段的学习目标。

【活动方法】

观看视频、小组自由讨论、进行心理测试等。

【活动准备】

（1）学生主持人2名。

（2）收集关于理想和目标的演讲视频。

（3）制作班会PPT、印刷好心理测试问卷。

【活动过程】

步骤一：引入活动

先开展小游戏"你画我猜"，让几位同学上讲台在黑板上画出自己的理想图案，一边图画，一边让其他同学猜猜这是什么理想和目标。然后再由这几位同学分享自己的理想和目标。

（设计意图：用画图猜想的方式能激发学生兴趣，调动全班同学参与活动的气氛，起到良好的预热效果。）

步骤二：观看视频

播放《超级演说家》曾侃的演讲视频，内容可以是关于理想、奋斗、目标的。吸引学生注意力和兴趣，然后组织学生发表自己的观后感。

📖 **课堂实录**

师：看了这个视频，同学们有什么感触？

生1：我看了这个视频感触很深，这让我想起了以前看过的一个叫作《永不放弃》的短片——教练员让一个运动员背着另一个运动员在球场上爬行，要求不断坚持，不到目标永不放弃。这种精神，值得我们大家去学习。而我们在生活中，在学习上更要有这种精神，才能面对一切困难，才能在明年的高考中取得优异成绩。

生2：我想发表一下我个人的感想。视频中曾侃的演讲让我很受鼓舞，他克服了重重困难，一个一个地实现自己的梦想，最后成为央视的主持人，让我们不得不佩服他的毅力，他的坚持。我想学习上一定会遇到种种难题，这是对自己的考验，唯有不断努力克服一道道难关才能到达成功的彼岸。

生3：我是一个经常看《超级演说家》节目的观众，我喜欢里面选手的口才，但更喜欢里面每一个励志的故事。因为听了之后能激发人的斗志，激励人不断前进。看到别人面对巨大的困难都能努力克服，我在学习上遇到一点小难题算得了什么呢，加油吧！同学们，为了理想中的大学而努力奋斗吧。相信大家明年高考一定能考出好成绩的。加油！（全班响起热烈的掌声）

（设计意图：通过一个演讲家的视频，进一步激发学生的热情，同时把班会课的气氛带入一个小高潮，学生看了之后感触颇多，各抒己见，达到了教育的目的。）

步骤三：心理测试

发放一份关于理想与前途的心理测试问卷，让学生独立完成，然后将PPT

上的评分标准作为参考。

📖 **课堂实录**

主持人：同学们，你了解自己吗？下面请大家做一份心理测试问卷，时间为5分钟，做完后请算出自己的得分，然后看试卷后面的评分标准，看自己属于哪一类型。

发放心理测试问卷一份（详见附件）。

同学们，做心理测试要实事求是，不能全部都只填最好的那一项，因为人无完人，每个人都有缺点，欺骗他人也是欺骗自己。如果自己的测试结果得分低了，也不要紧，不要灰心，这是很正常的，它能帮我们更好地认识自己，发现自己的不足，有利于我们今后更好地改正。如果得分高，也不要骄傲，因为人是会变的，不同的阶段有不同的想法和表现，只有不断地完善自我才能使个人素质得到全面提升。懂了吗？（台下同学都若有所思地点头。）

参照评分标准：

每题A记5分，B记2分，C记0分。各题得分相加，统计总分。

答案解析：

60分以上，优等。你对生活和事业抱有崇高理想，能面对现实，遇见困难和挫折能设法克服，能与人合作，创造事业。

40～59分，中等。你对生活和事业有一定想法，基本上能正视现实，对大部分困难和挫折能想方设法克服，但有时也会产生悲观消极的念头。

39分以下，说明你对各种问题的认识尚不清楚，或抱有错误观念，对克服困难缺乏信心。你必须加紧练习，锻炼自己，多交友，才能有美好的前途。

（设计意图：此环节让学生做心理测试，会有一种新鲜感，通过让学生对照评分标准去进一步认识自我，同时教育学生心理测试没有绝对的准确性，因此不管结果如何都只能作为一种参考，有则改之，无则加勉，测试结果好则继续保持良好的心态，结果不好也不必担心，自己适当去改正。）

步骤四：激发热情

📖 **课堂实录**

主持人：同学们有了自己的理想，那我们在平时的学习中该如何去实现呢？请全班同学起立，大声整齐地朗读以下内容：

（1）上课专注一点，课后就轻松很多点。

（2）作业认真一点，就会提高快一点。

（3）早晚自习早来点，偷懒玩耍少一点。

（4）知识点多记点，废话闲聊少一点。

（5）多为父母想一点，自己就会刻苦点。

我们坚信理想会因奋斗而美丽！

我们坚信成功属于高二（14）班！

（设计意图：这是学生参与的最后一个环节，目的在于激发学生的热情和昂扬的斗志，将全身的热血投入学习中。）

步骤五：总结

教师总结：本次班会同学们都表现得很积极、主动，能大胆地畅谈自己的理想，树立自己的信心，看你们自信的表情，听你们充满豪情的语言，我相信，你们的理想一定能实现。但是，理想的实现不是一天两天，也不是一年两年，它需要一个人用一生的时间，需要几十年如一日的耐力、恒心与毅力。顽强的毅力可以征服世界上任何一座高峰。

不要抱怨自己已经失去了做题的热情，你需要的，从来不是热情，而是毅力；不要让心态问题占据了你大量的精力，高考需要的，除了心态，还有实力；不要在复习的时候担心效率问题，你专注去做了之后，效率总会在某次考试中体现；不要忘记你的梦想，哪怕实现它的可能性微乎其微，你也要把它紧握在手中当作最强大的能量。

老师希望当一年多过后再看这堂课的录像的时候，你们会为之自豪，老师会为之自豪，你们的家长也会为之自豪，学校也因为有了你们而自豪。希望你们都能考上理想的学府！加油，同学们！

（设计意图：班主任以鼓励、表扬的方式，肯定同学们今天的表现，达到促进学生学习的目的。）

附：

心理测验：你有美好的前途吗？

下列题目中，每题均有三个备选答案，根据你的实际情况，选择一个适合你的答案。

1. 当你逐渐长大时，你会（   ）。

A. 努力学习更多的文化知识或者某些技能

B. 内心有危机感，感到恐惧与不安

C. 得过且过，毫无感觉，不予理会

2. 你对于报纸刊物的看法时候（   ）。

A. 选择性阅读，以了解时事政治、前沿知识

B. 当作茶余饭后的消遣，可有可无

C. 不感兴趣，不如玩手机、玩游戏

3. 对于团体的活动，你抱着（   ）的态度。

A. 热心积极参加

B. 漠不关心无所谓

C. 十分厌烦

4. 对于交朋友，你会感觉到（   ）。

A. 十分重要，平时就喜欢与人交往，注意礼貌，争取友谊

B. 认为友谊很平常，不必重视

C. 本人较孤僻，不如孤独自处

5. 你对未来工作的想法是（   ）。

A. 宁肯做待遇低些但价值高有意义的工作

B. 认为工作只不过是为了解决生活的需要

C. 一心一意只做报酬高的工作，不理会工作有没有意义

6. 对于服装，你的态度是：（   ）。

A. 要求端正、整齐，不必奢华

B. 只要能保暖适体，不必讲究

C. 追随时尚潮流，对服装十分讲究

7. 当你孤独寂寞时，你会（   ）。

A. 去找朋友，或找些事情来做

B. 独自去散散步，或者去看看戏

C. 闭门胡思乱想来打发时间

8. 当自己有缺点的时候，你会（   ）。

A. 承认缺点，极力设法改正

B. 如果没有人发觉，就不予理会，也不自我检讨

C. 即或有人指点，也极力否认

9. 对于生活开支，你（　　）。

A. 精打细算，量入为出，养成储蓄的习惯

B. 认为只要不欠债就行

C. 今朝有酒今朝醉，不必有什么计划

10. 当遇到困难时，你会（　　）。

A. 找出原因，并且把遇到挫折当作一次经验和教训

B. 内心不安，设法找人来帮忙

C. 独自悲哀，感到消极，对前途无望

11. 当别人批评你时，你会（　　）。

A. 冷静地考虑别人的意见，如果认为是对的，就予以接受；如果认为不当也不随便发怒，只找机会辩白一下

B. 不理会别人的批评，不做出任何反应

C. 对别人的批评，一概表示不满，并且与人争吵

12. 对男女关系的看法，你认为（　　）。

A. 男女地位是平等的，彼此是合作的关系，任何一方均不应抱有利用对方的心理。和异性朋友来往，不可存有邪念

B. 男女之间应保持相当距离

C. 男女关系很平常，可以很随便

13. 当别人遇到困难时，你会（　　）。

A. 首先判断对方遇到的是什么困难，如果有援助的必要，就立即帮助对方

B. 不问理由，尽力去助人

C. 认为这是别人的事，采取袖手旁观的态度

14. 你对事物的"新"或"旧"的看法，（　　）。

A. 认为事物不必分新旧，好不好要看价值如何

B. 一视同仁

C. 只接受新的事物，旧的一概不要

15. 你对生活的安排采取（　　）。

A. 拟订一年的计划，在一年之中又按月拟定具体的工作和学习目标

B. 请他人为自己安排，或者依照他人的生活制订计划

C. 认为过一天算一天，不必做什么安排

放飞梦想

梅州市梅江区梅师附小　曾玉珍

【活动适用年级】

小学五年级。

【教学形式】

个人分享，小组交流，现场访问，讲故事，欣赏歌曲、小品、舞蹈、朗诵等。

【参加人员】

班主任、全班学生。

【活动背景】

针对班级部分学生学习目标、人生理想不明确的情况，我们班决定开展一次以"放飞梦想"为主题的班会，鼓励学生联系个人实际，树立明确的学习目标和人生理想，激发学生学习动机，使其明确学习态度，摆脱涣散的学习状态，以梦想为帆奋力远航。

【活动目标】

（1）让学生通过本次主题班会，认识到青春的宝贵，进而能够好好把握起点，珍惜时间，为实现自己的人生目标而努力。

（2）引导学生寻找自己的"梦想"并付诸行动。

【活动方法】

小组交流，欣赏歌曲、小品、舞蹈、朗诵等。

【活动准备】

（1）召集班干部商讨班会课活动安排。

（2）布置学生收集、撰写有关材料，排练合唱、小品、舞蹈等。

（3）制作幻灯片。

【活动过程】

步骤一：梦想是什么

播放《我相信》，营造为梦想而自信向上的热烈气氛，以便提前把学生引入活动状态。

■ 课堂实录

主持人甲：敬爱的老师！

主持人乙：亲爱的同学们！

合：大家好！五（5）班"放飞梦想"主题班会现在开始。

主持人甲：梦想是个诱人的字眼。

主持人乙：梦想是灯塔，指引人前进的方向，照亮人生前进的路程。

主持人甲：一个人没有梦想，就像鸟儿没有翅膀。

主持人乙：没有梦想，就没有坚定的方向，没有方向，就没有生活。

主持人甲：罗·勃朗宁曾经说过，人类的伟大不在于他们在做什么，而在于他们想做什么。

主持人乙：也有人说过，世界上最重要的事，不在于我们在何处，而在于我们朝什么方向走。

合：前面所讲的"想做什么""朝什么方向走"指的就是我们头上的一颗指路明灯——梦想。

（设计意图：通过与主题密切相关的歌曲及主持人热情洋溢的开场白，提起学生兴趣，让学生迅速进入状态，进入活动。）

步骤二：畅谈梦想

（1）合唱歌曲《种太阳》。

（2）小品表演《梦想破灭》。

■ 课堂实录

主持人甲：同学们，你们的梦想是什么？请大家跟同学说一说。

（邻座的同学互相交流，然后主持人采访部分学生）

主持人乙：每个人内心深处都有自己的梦想，就像刚刚同学们说的，有些是崇高的，有些是朴实的，还有些是很奇妙的。有一群女孩，她们的梦想是"种太阳"。看，她们来了。（小组合唱《种太阳》，歌曲略。）

主持人甲：种太阳，让世界的每一个角落都充满阳光和温暖，多么有爱心的美好梦想啊！

主持人乙：也许有些同学会说，我现在还小，谈理想也太早了吧！常言说，有志不在年高，有志者事竟成。

主持人甲：古今中外，有不少名人在少年时代就树立了远大的理想，为他们后来的成功奠定了坚实的基础。下面请听几则名人少年立志的故事。

三位学生分别讲故事《唐伯虎潜心学画》《鲁迅少年苦读》《爱迪生少年立志》。

主持人乙：听完这几则名人的故事，我们会发现，树立了远大理想的人，就意味着事业成功了一半。当然，如果只是有梦想没行动也是空谈。请欣赏小品《梦想破灭》。

学生表演小品《梦想破灭》。（小品内容简介：有位学生跟朋友说自己的梦想是当一名软件高手，但是他上课从不好好听讲，要么开小差，要么打瞌睡，要考试了就想着怎样作弊能得高分，结果被当场抓住，被永久取消此类考试资格，再也不能实现心中梦想。）

主持人甲：是的，好好学习是实现梦想的基础，任何投机取巧都只会离梦想越来越远。

（设计意图：让学生通过谈梦想，演梦想，清楚梦想虽各种各样，但实现梦想的途径却只有一个，那就是脚踏实地、一步一个脚印。）

步骤三：怎样实现梦想

（1）学生小组内交流，主持人采访部分同学。

（2）诗歌朗诵《梦想》。

（3）歌舞表演《隐形的翅膀》。

课堂实录

主持人乙：为了实现心中的梦想，你会怎样做？（采访部分同学。）

主持人甲：是的，在梦想的道路上，难免会遇到困难，只要坚持，不怕困难，勇往直前，才能实现梦想。请欣赏诗歌朗诵《梦想》。

（两个学生声情并茂地朗诵诗歌《梦想》。诗歌略。）

主持人乙：有梦想是快乐的、幸福的，因为梦想是有力的翅膀，它会带着我们飞越困难，到达成功的彼岸。请欣赏歌舞表演《隐形的翅膀》。

（歌舞表演《隐形的翅膀》。）

（设计意图：让学生通过交流、访问，欣赏朗诵、舞蹈等形式，得到启示——梦想路上不可能一帆风顺，但只要我们加倍努力、克服困难、勇往直前，就能实现梦想。）

步骤四：为梦想行动

（1）写梦想卡，并贴到班级梦想墙上。

（2）梦想墙前表决心——《为梦想努力》。

课堂实录

主持人甲：请同学们把自己的梦想及实现梦想的计划写在准备好的梦想卡上，然后按小组的顺序把梦想卡贴在梦想墙上。（播放《我的未来不是梦》。）

主持人乙：同学们，就让这梦想墙照亮我们前进的道路吧！

主持人甲：让我们在梦想面前表决心吧！

（全班齐诵）

为梦想努力

从这一刻起，我将迎接一个崭新的我。

不再为人生的目标而迷茫；

不再为昨日的失败而悲观；

不再为昔日的挫折而难过；

从这一刻起，我要唤醒那个灵魂深处最最强大的我。

我将拥有为梦想奋斗的最最坚强的意志；

我将拥有为梦想奋斗的最大最大的激情；

我将拥有为梦想奋斗的最最聪明的智慧。

从这一刻起，我不能再容忍自己沦落成平庸；

从这一刻起，我不能再允许自己堕落成平凡；

从这一刻起，我将控制和掌握自己的命运。

我要让懒惰、悲观和一切不利于梦想实现的因素远离我；

我要让勤奋、乐观和所有有利于实现梦想的因素靠近我；

我不再害怕失败和挫折，只会越败越强，越挫越勇。

我会在梦想的道路上奋勇前行。

合：命运由自己主宰，人生由自己把握！本次主题班会到此结束，谢谢大家的积极参与！

（设计意图：让学生通过写梦想、贴梦想卡、齐诵诗歌表决心，在热烈的气氛中感受梦想的美好，为自己定下目标，下定为实现梦想而努力的决心。）

步骤五：班主任讲话

师：少年智则中国智，少年强则中国强。同学们，让我们好好学习，掌握好过硬的本领，用自己的力量去实现美好的梦想，让我们的梦想尽情飞翔，让它带领我们走向成功，走向完美。祝大家梦想成真！

（设计意图：班主任铿锵有力的发言，学生再一次感受到梦想的美好及为梦想而努力的力量。）

第五章

学习规划

5

学习，在路上

梅州市梅州中学　曾平龙

【活动适用年级】

高一年级。

【教学形式】

体验式小组游戏活动。

【参加人员】

班主任、全班学生。

【活动背景】

高中是学习过程中一次非常重要的转折，在这新的学习旅途中要学的东西很多。面对新的学校、新的老师、新的同学、新的学科、新的挑战，学生有点不知所措，有点迷茫和不适应。本次活动的目的是让学生了解高中学习过程中将会面临的问题，从而做好高中三年的学习规划，养成面对困难不逃避的习惯，培养其积极克服困难的能力。

【活动目标】

（1）让学生更好地适应和规划高中学习生活。

（2）促进学生养成积极良好的学习习惯。

（3）提高学生解决困难的能力。

【活动方法】

体验式小组游戏活动、小组自由讨论。

【活动准备】

（1）活动材料准备：任务卡片、一次性纸杯、气球、书签、奖品等。

（2）各个游戏规则的说明。

【活动过程】

步骤一：引入活动

带着全班学生来到体育馆门口，引起学生的好奇，然后引出本次体验式游戏活动班会主题——"学习，在路上"。

课堂实录

师：同学们，今天的班会我们不在教室里上，我们来一次课外班会课，走不走？

生：走是肯定走的，但是我们走到哪里去？

师：跟着我就行，保证你们不会忘了这次班会课。

生：哇……老师，赶紧地。

（设计意图：一改常规，用课外班会课引起学生的好奇，提高学生的兴趣。）

步骤二：说明活动

来到体育馆门口，介绍本次班会课活动的内容和形式，展示游戏的奖品。

（设计意图：刺激学生好胜的心理，提高学生参加游戏的兴趣和积极性。）

步骤三：活动过程

（1）分组。

按学生人数等比例分组。分配原则：从1~6报数，报相同数字的为一组，分好组以后给10分钟熟悉队员，确定组名，选出一个组长（选出以后队员要无条件服从组长的安排。）。

（设计意图：提高学生的适应能力和灵活应变能力，也让学生学会在群体中提高自己的存在感。）

（2）活动进行时。

进行一系列的小组游戏活动，说明游戏规则和胜负标准，以及最后的得分情况和获奖条件。

课堂实录

"春之雨"篇章

师：刚上高一，什么对你们来说都是新鲜的，你们要经历的很多都跟以前很不一样，而你们要做的不是抱怨现在的生活，回味过去的生活，而是应该尽快地适应这新的集体、新的学习生活。这就像春雨过后，万物复苏，一切从这里开始，你们的高中生活、辉煌的人生也将在这里启程……你们准备好了吗？

生：准备好了。

师：按照刚才的分组，或许，你分到的组不是你最想去的，生活中很多东西也不是跟你想象的一样，有时甚至跟你想得刚好相反，正所谓"事与愿违"，但是你又无法选择。那么，当你学习上遇到这种事的时候你要怎么办呢？接下来我们来玩一个游戏……

游戏1：事与愿违。

游戏规则：组长安排参赛队员，游戏主要由每组队员用手脚来完成，当班主任说出一个动作（如左手、右脚）时，所有参赛队员应迅速做出相反的动作。

难度1：单单左右相反。

难度2：左右和手脚都相反。

胜负规定：第一个难度的游戏进行3轮，选出3个优胜组，其他3组没分；第二个难度的游戏赛出1、2、3名，第一名记3分，第二名记2分，第三名记1分。

游戏2：正话反说。

游戏规则：组长安排参赛队员，班主任依次对每组队员说一个预先准备好的词或成语，队员应该迅速地把这一个词或成语倒过来念，每一轮各组的难度是一样的。

胜负规定：按淘汰顺序，最后淘汰的记3分，倒数第二淘汰的记2分，倒数第三淘汰的记1分。

师：通过上面的两个游戏，大家从中也应该可以体会到，当事情跟我们想得不一样的时候，我们要主动地学会去接受和适应，这样才会让自己在竞争中立于不败之地，更好地去完成目标。

"夏之花"篇章

师：上到高二，你们可能会发现很多东西你们已经适应了，有不少的东西也学会去接受了，同时，你们也会发现很多东西看似很简单，但是做起来还真不容易。所以，你们不能小看高中的学习，就像当99乘法表加上速度的时候，它就不是个简单的东西了。同样，你也不能小看其他同学付出的努力，因为，他们能做到的，你们不一定能够做到。有这么一句话"一直被模仿，从未被超越"，说的也就是这个意思。所以，我们在高二应该不断地通过努力去让属于自己的"生命之花"更好地绽放……接下来我们继续来玩游戏。

游戏3：99对决。

游戏规则：各组队员通过黑白配的方式确定比赛对手，作为对手的两组队员按组长安排1对1进行比赛。如当一方说了38的时候，对方应迅速地说出24，然后反问对方34；然后对方回答，再反问……回答错误或回答时间超过2秒为负。按组与组的最终比分来给分，净胜最多的为第一名，从6分开始往下减，同样的比分给相同的分。

游戏4：模仿。

游戏规则：每一组队员依次排开，然后猜词，每一组都有难度等级为1、2、3的词组，每个队员一个个传递（不能说话），还没有传递的队员不能看前面队员的传递过程，传递完的队员也不能看后面的传递过程，然后让最后一个队员猜出词组的内容。

胜负规定：如果猜对，得对应难度的分数。难度1、2、3对应的分数为1、2、3分。如果猜错或者传递过程中出现违规现象，则不得分。

师：通过上面两个游戏，大家从中也可以体会到，高中的学习不是那么简单就可以获得成功的，你们付出的努力还远远不够，你们还需要努力、努力、再努力！时刻记住高中学习不是看你努不努力，而是看谁更努力。

生：记住了！

"秋之风"篇章

师：来到高中学习生活最后一年的高三，这一年无疑是你们拼搏的一年，也是你们收获的一年。至于收获了多少，那就得看你付出了多少。经过春雨、夏花之后，在丝丝清凉的秋风中等待你们的是那盛开的果实。然而，在这拼搏的一年中，你也离不开跟你站在同一战线的"战友"，正是因为有了他们，你在学习的路上才不会那么孤单、那么无助。他们会在你失落时，安抚你；在你失败时，鼓励你；在你成功时，祝福你……所以，同学间的相互合作，会让你在这场"没有硝烟的战争"中，一直撑下去，直至最后取得胜利。接下来的两个游戏可以让你们明白团队合作的重要性……

游戏5：夹气球接力。

游戏规则：每一组队员由组长安排好顺序。首先由2个队员以"肚子对肚子"的形式将气球运到另一边；接着再由2个队员用"背对背"的形式把气球运回到起点；最后由2个队员用"头对头"的形式把气球运到终点，记录每一组完成整个过程所用的时间。注意在比赛过程中2个队员除了规定的身体部位，其他的身体部分不能接触。如果接触了或者球掉了，则这2个队员得从起点重新开始……

胜负规定：根据每一组所用的时间，用时最少的第一名记6分，其他名次依次减少一分。

游戏6：纸杯传水。

游戏规则：每一组所有队员按一定的距离依次排成一列，然后每个组员嘴里咬个纸杯，整个过程中用纸杯来传递水，最后一个队员把水倒到指定的盆子里。注意如果有队员在传递过程中（除了第一个队员在取水的时候和最后一个队员在倒水的时候）用手碰到纸杯的话就算作违规，则该杯水不算。

胜负规定：在相同时间里，按每一组指定盆子里水的多少排名，最多的一名记6分，其他名次依次减少一分。

师：通过上面两个游戏，大家从中也应该可以体会到，在每个过程中，每个队员都应该注意跟其他队员配合；否则稍不注意就会影响全队的结果，这种团结合作的精神确实是非常重要的。所以，在高中学习过程中，寻找几个学习伙伴，对你们来说，是一件非常有益的事情。希望你们通过伙伴间的相互帮助，相互合作，最终达到共同进步的目的。

师：这次班会活动即将结束，希望大家都能从中学会"适应高一、努力高二、拼搏高三"，也希望以后能有更多的同学在学习上获得提高。活动最后，希望大家对自己高中三年的学习生活做一个完整的规划，对将会出现的问题做好心理准备，以饱满的热情和积极的态度去克服这些困难，成就自己的大学梦。当然，这也少不了家长的支持、老师的鼓励、同学的帮助，所以班会活动最后一个环节，每个同学拿一个书签，在书签上写上你对同学高中学习生活最好的祝福（收起来，再随机发给学生，保证自己不拿到自己写的）。希望大家能够保留这个书签，让书签成为你学习上的动力，等到高三毕业时，再好好感谢这位一直在背后默默支持和祝福你的同学！

生：好的。

师：同学们，你们已经在高中学习的路上了，希望这条路的终点等待你们的将是胜利的掌声、成功的喜悦。

（设计意图：通过欢乐的游戏形式，可以让学生在得到快乐的同时去体会高中学习中将会出现的问题，并思考如何去面对和解决这些问题。）

步骤四：活动总结

（1）统计每组每个游戏的得分情况，根据总分高低依次排名，取总分前3名，在同学的掌声中给获奖的小组发奖品。

（2）要求学生结合此次班会活动做一个高中三年的学习规划，并下定克服一切困难的决心。

学会做时间的主人

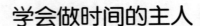

梅州市梅州中学　罗庆松

【活动适用年级】

高一年级。

【教学形式】

体验式测试、游戏、小组讨论。

【参加人员】

班主任、全体学生。

【活动背景】

高一新生入学初期对高中学习生活不够适应；在初中升高中的过程中，学习方法还没有调整，目标还没有明确，处于被动的学习状态；等老师来布置安排学习任务，自我学习的时间没有规律。本次班会通过"计算"时间说明掌握时间的重要性以及影响自己掌握时间的因素，通过撕纸条的游戏让学生明白自己目前对待时间存在的问题以及如何修正，最后要求学生制定学习时间计划表，引导学生由初中的"被动式"学习转向"主动式"学习。

【活动目标】

（1）让学生意识到学习中学会掌握时间的重要性以及可能影响自己掌握时间的因素。

（2）让学生通过"撕纸条"游戏明白自己当前的学习时间安排问题。

（3）帮助学生制订自己的学习时间计划表。

【活动方法】

游戏、体验式测试、小组自由讨论等。

【活动准备】

（1）活动材料准备：A4纸、笔、计时器。

（2）准备好两段音乐（最好为鸟语花香类型的自然放松音乐），制作活动PPT。

【活动过程】

步骤一：引入主题

课堂实录

师：同学们，在我们的生命中，有一种东西是我们看不见、摸不着，而且是不可逆转、一去不复返的，大家知道是什么吗？

生（异口同声）：时间！

师：非常对！可能有些同学会问，既然不可逆转、一去不复返，看不见、摸不着，我们今天为什么还要进行"做时间的主人"的主题班会课？老师是跟我们开玩笑吗？同学们，我们真的对时间毫无办法吗？首先，我们先来做一个游戏。好不好？

生：好！

（设计意图：通过对话，吸引学生注意力，提起活动兴趣，可起到良好的热身效果。）

步骤二：游戏环节——我们掌握得了时间吗？

游戏1：请全体同学起立，闭眼，心中默数播放的一段音乐时长（12秒）。教师提问学生音乐时长。

游戏2：请全体同学坐正，睁眼，认真看播放的图片，并默数播放的一段音乐（16秒）。教师提问学生音乐时长。

游戏3：请全体同学起立，闭眼，再次默数老师播放游戏2的那段16秒的音乐，再次提问学生音乐时长。

讨论环节：①为什么游戏1、游戏3大家能够准确说出音乐的时间？②是什么因素影响了我们对音乐时间的掌控？

课堂实录

游戏1：

师：首先，请全体同学起立，闭上眼睛，安静地听老师放一段音乐，然后由我提问几位同学，这段音乐有多少秒。大家试试能不能做到。

生：没问题！

播放一段12秒的音乐，然后提问几个学生，基本上所有的学生都可以非常准确地说出这段音乐的时间。这是因为所有的学生都是在全神贯注的闭眼状态和安静的环境中聆听音乐的，他们心中默念的秒数自然是非常准确的。

师：同学们，你们真的非常棒，这段音乐确确实实就是12秒钟，你们真的可以抓住时间的影子啊！大家给自己鼓掌！

游戏2、游戏3：

师：好，同学们，大家再来听一段音乐，看还能不能准确地计算出音乐的时间来。但是，这一次老师要求大家要睁大眼睛，同时认真看老师播放的视频，好不好？

生：好！

教师播放一段16秒的音乐。在播放音乐的过程中，屏幕上同时播放意境优美、十分吸引人的美图，教师不时在假装介绍这些风景（这些都是为了分散学生的注意力）。播放完毕之后，提问几个学生，这一次的答案就非常不统一了，从10秒到20秒的回答都有。教师要求学生们再次按照第一次的状态，站立、闭眼来听这段音乐，然后提问学生。这次学生的回答又非常的统一——16秒！

讨论环节：

师：同学们，刚才我们做了三次计算音乐时间的游戏，两次大家计算非常准确，一次非常不准确。现在请大家一起来讨论讨论：是什么影响了我们对时间的把握？

生1：第一次和第三次，我们心无旁骛，没有任何影响，静静地在心中默念秒数。

生2：是的，但是第二次的时候，优美的音乐和漂亮的图片，让我们分心。

生3：不仅如此，老师还在一旁讲话，更加影响了我们默数秒数。

师：同学们，大家总结得非常好！时间是一个很奇妙的东西，当我们聚精会神地对待它的时候，虽然我们留不住它，却能够抓住它的影子；当我们受到外界比较多的干扰后，我们虽然有心抓住它的影子，却有心无力。这就是我们目前面对时间的真正处境。所以，要学会掌控我们的时间，我们首先要明白哪些因素对我们掌控时间是有影响的。

（设计意图：教师设置3个计算时间的游戏来让学生自己发现影响时间掌控的问题。游戏1的设置是为了让所有学生体验成功抓住时间感觉，使课堂气氛开始热烈起来了。教师马上趁热打铁引入下一个活动。游戏2的设置虽然增加了难度，但是因为有了游戏1成功的经验，反倒激起了学生参与的浓厚兴趣。当然，由于教师在干扰因素上的设置，学生肯定没那么容易抓住时间。游戏3则是在游戏2学生失败的基础上，再次让学生体验成功抓住时间的感觉。通过这三次游戏，学生自然而然就能够对比出是什么原因导致结果的不同，从而更好地进行下一个活动。）

步骤三：任务活动——谁动了我的时间

（1）分发给每个学生一张A4纸，要求他们把A4纸折成相等的24个格子，把这24个格子当作每天的24小时。

（2）要求学生从第一格（凌晨1点）开始到第24格（晚上12点），写上自己都做了些什么。

（3）教师给予提示，要求学生根据提示的内容，撕掉相对应的时间。

（4）讨论阶段：①看看自己手中还剩下多少时间？也可以看看周围同学的；②说说还剩下的时间用来干吗？③请与小组内的同学一起交流在撕纸条的过程中的发现，以及与其他同学不同时间的原因。

📖 课堂实录

师：请撕去你睡觉的时间，撕去你吃饭的时间，撕掉你看课外读物、听音乐的时间，撕去你看电视、玩电脑的时间，撕去你与家人、同学、朋友聊天的时间，撕去你刷牙洗脸、洗澡、锻炼身体的时间，撕掉你上下学的时间……现在请大家看看你还剩下多少时间？大家也可以看看周围同学所剩下的时间。大家说，剩下来的时间都是大家用来干什么的？

生1：学习！

生2：做作业。

生3：我会读读英语和语文。

生4：老师，好像我剩下来的时间基本上没有……

（提问几个学生，包括成绩在上、中、下的学生，基本上成绩较好的学生剩下来的时间肯定会比较多，而学习成绩较差的基本上学习时间都屈指可数。要求学生就这一现象进行讨论，结合刚才的游戏，说说对"做时间的主人"的看法。）

师：大家讨论过后有什么发现吗？

生1：老师，我发现我们每个人的时间都是固定的，每天24个小时。但是，虽然我们每个人每天经历的事情差不多，用于学习的时间却不尽相同。我们组有些同学时间不够，有些只有零散的一些时间，而有些同学却还有几个小时的支配时间。

生2：我与其他同学对比，每天所剩的时间无几。我发现我在洗澡、听音乐和聊天方面所用的时间，远远多于其他同学。如××同学（成绩较好），她洗澡的时间只用了20分钟，可是我有时候要用1~1.5个小时！不仅如此，我在其他娱乐方面也用了相当多的时间。通过撕时间和与同学的对比，这给我的感觉实在太震撼了！我终于明白为什么我会落后于他人了。

生3：其实，我也没有刚才××同学说得那么好，只不过我觉得这些事情如果占用了太多的时间，我可能会没有时间早读和晚读，毕竟每天的作业负担也相当大，所以我在日常生活中都会尽量地挤出时间来。

生4：我每天的时间安排都是从小到大养成的习惯，习惯成自然嘛，没觉得自己有什么地方特别突出。

教师最后点评：同学们，大家的思考都非常到位，通过游戏和对比，我想我们可以非常直观地看到时间存在的意义以及我们应该如何来做时间的主人。综合大家的思考，我来做以下的总结：

（1）我们要知道时间是固定的，每天24小时，没有多没有少，就跟刚才我们所玩的游戏一样，音乐的时间是固定的，但是有人觉得长，有人觉得短，关键在于看你如何安排它。

（2）时间是在流逝的，抓不住、留不住。我们经常会感叹光阴似箭，日月如梭，不是没有道理的，时间总是在不知不觉中就溜走了。所以，我们要学会把握时间，让每一天过得更有意义。

（3）影响我们把握时间的因素非常多，如日常生活、人际关系、娱乐、锻炼、学习、课外活动、聊天等。不可否认，这些东西在我们人生当中也很重要。但是有件事大家必须要明白——除了睡觉时间，目前我们用在学习上的时间是最多的，因为这是我们目前这个年龄段的主业。我们正处于吸收知识、学习提高、不断成长的阶段，这个阶段将为我们的未来打下坚实的基础。但是有些同学没有意识到这个问题，花了比较多的时间在其他的方面，导致学习时间不够，故而在学习成绩方面也差强人意。刚才我们的游戏也再次证明了这一点，当你心无旁骛的时候，你可以很好地把握时间。当你三心二意，受到较多干扰的时候，你就会把控不了时间，任由它随便流逝。所以，我们必须学会把握事物的主要矛盾，才能够做到真正地把握时间。

（4）优秀的人必然有好习惯，拥有好习惯的人必然优秀！大家可以看到身边优秀的同学在时间的把握上更加有规律，这是因为他们拥有良好的习惯，能够安排好、处理好学习与其他事务之间的关系。锻炼、娱乐、人际关系等也很重要，但是我们不能本末倒置，把它们放在主要的位置，甚至占用了我们本该拿来学习的时间。拥有好习惯的人现在即使一时还没有达到优秀的条件，但是，在将来一定可以脱颖而出的。希望大家向有良好习惯的同学看齐，重新来安排自己每天的学习计划，做时间真正的主人！

（设计意图：让学生通过上一步骤数时间的任务和这一环节撕时间的任务，自己找出所要讨论的问题的答案，教师再进行点评和提供解决问题的思路，说服力水到渠成。）

步骤四：制订计划

要求学生结合自己的实际，参考其他同学的时间计划安排，为自己设计一张每天的事务安排表，并在小组和班级展示，让大家互相监督。

学习推动力

梅州市梅州中学　谢　静

【活动适用年级】

初中一年级。

【教学形式】

体验式游戏活动、小组讨论。

【参加人员】

班主任、全体学生。

【活动背景】

初中一年级学生好动、好奇、好表现，因小升初学习跨度性较大，所以部分学生出现学习无目的性和无主动性，对自己的学习太随意，甚至产生自暴自弃的心理，把学习活动看作套在自己身上的精神枷锁。本次班会课的目的是从心理的角度让他们找到高层次的学习动力，以及通过体验式游戏活动和小组探讨的方式帮助学生找到学习的推力并加以合理利用，以实现提高学习效率的目标。

【活动目标】

（1）让学生意识到学习动力层次高低起到的作用。

（2）通过体验游戏活动增进学生间的感情。

（3）帮助学生找到学习上的动力和推力。

【活动方法】

体验式游戏活动、小组自由讨论、绘制思维导图等。

【活动准备】

（1）活动材料准备：A3纸、彩笔。

（2）制作班会PPT。

【班会过程】

步骤一：引入主题

播放梅州客家童谣《月光光》，然后引出本节班会课的主题——"学习推动力"。

📖 **课堂实录**

师：同学们，为什么我们要学习客家童谣？

生1：因为我们是客家人！

生2：因为我们要学讲话，童谣朗朗上口……

师：非常好，同学们所说的这些原因我们都可以称之为学习的动力。

（设计意图：播放客家童谣《月光光》激发学生的兴趣，活跃课堂氛围，询问学客家童谣的原因，引入本次班会主题——"学习的动力"。）

步骤二：高效学习——动力

（1）要求学生把学习生活的动力写在纸上。

（2）要求学生对比名人对学习动力的看法。

（3）展示"马斯洛需求层次理论"层次图，询问学生动力处于理论第几层。

（4）以《西游记》中5个人的角色来开展动力讲解。

📖 **课堂实录**

名人对动力的看法：

动力就是当你被一种东西吸引时，就一定要努力去争取。

——中央电视台主持人撒贝宁

工作学习的最重要的动力是工作学习中的乐趣，是工作学习获得结果时的乐趣以及对这个结果的社会价值的认识。

——物理学家爱因斯坦

教师引导：名人名言让我们明白学习工作动力的重要性。作为初中生，我们对学习要有动力才会不断去寻找梦想。那为什么我们有了一定的学习动力但是却学习毫无成效呢？让我们来看看"马斯洛需求层次理论"。

展示"马斯洛需求层次理论"图（图1）。该测试由美国心理学家马斯洛发起，他认为人的一切行为都是由需要引起的。他根据需要的发展水平，把需要划分为不同的层次，把不同层次的需要从低级到高级排成梯级，提出了著名的需要层次理论。

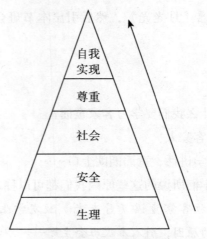

图1　马斯洛需求层次理论

教师引导：看看你的学习动力在马斯诺需求层次理论的第几层。

教师引导：根据"马斯洛需求层次理论"图，对比《西游记》中五个人的角色（图2），看看你属于这五人中的哪一个？

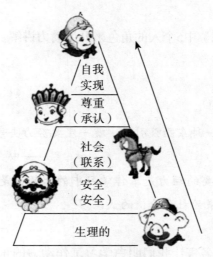

图2　《西游记》角色

（设计意图：让学生先把毫无目的的动力来源写出来，与名人的动力看法做一个简单的对比，再引入"马斯洛需求层次理论"图，让学生认识到动力源于需要，需要的层次越高，个性活动的自觉性和积极性也就越高。把"马斯洛需求层次理论"和《西游记》中的角色层次相结合，使这一活动更具趣味性，让学生认识到要使自己产生强有力的学习动力，必须激发自己较高层次的社会性需要，如交往的需要、认知的需要、审美的需要和取得成就的需要。）

步骤三：高效学习——推力

（1）讲述故事：蚂蚁遇到大块头食物，只会爬上去玩玩。可是一旦有数百只蚂蚁，它们就会变成团队，把大块的食物拖进洞穴。一头狮子看到一群水牛，狮子不敢对水牛进攻。可是有5头狮子一同战斗，哪怕有100头水牛，他们也会战斗，得到食物。引出话题——根据这个故事谈谈在成功的征途上需要什么正能量。

（2）体验式游戏："雨点变奏曲"。

游戏规则：

① 教师引导学生分别用下列四种方式演奏雨的感觉：第一，手指互相敲击（小雨）；第二，巴掌轮拍大腿（大雨）；第三，大力鼓掌（雷声）；第四，轮踩双脚（暴雨）。

② 教师引导学生听指令，全班同学一起来演奏一曲"雨点变奏曲"。

课堂实录

师：同学们，从蚂蚁和狮子的故事中，我们可以推出要想成功，需要什么样的正能量品质？

生：团结一致，精诚合作……

师：大家第一次演奏"雨点变奏曲"为什么会失败？

生1：因为我们还没有完全熟悉，节奏混乱。

生2：因为大家步调不一致。

师：那第二次演奏我们为什么能够配合成功呢？（老师的指令、同学们的配合……）

生3：因为经过第一次的练习，大家已经知道节奏。

生4：因为老师给我们明确的指令，我们才能够配合一致。

（设计意图：让学生通过蚂蚁和狮子的故事，自主发现合作的重要性。然后通过"雨点变奏曲"，感悟团结合作学习的重要性和高效性。）

步骤四：体验式活动，《推动力导图》

《推动力导图》活动设计规则：

（1）以小组为单位。

（2）小组成员讨论学习动力和推力由什么因素组成。

（3）小组代表上来展示推动力导图。

游戏过程：将A3白纸发到各小组，引导组员将之前写的学习动力写在白纸中间；然后全组将讨论结果用思维导图的方式用彩笔画在白纸上；最后请组员代表上台展示小组成果。

课堂实录

教师引导：如果把学习当成工程来做，我们就是工程的CEO，老师、同学和家长都是团队的成员。CEO需要保证自己的动力十足，同时，还要思考如何发挥这个团体中的积极力量。如果你的团队能发挥作用，这推动力就会提高你的学习效率，你的学习大车就会加速前进。

教师引导：当我们把推动力导图画完之后，就可以用它来提升你的学习效率甚至以后的工作成效，从而最终帮助你实现梦想。例如，中国首富王健林和美国体育巨星科比身上便具备圆梦精神。

（设计意图：让学生和自己的组员以思维导图的方式找出学习的动力和推力，用它来提升学习效率。）

步骤五：主题延伸——国家推动力

教师引导：同学们，推动力不但体现在我们的学习工作当中，还体现在国家建设当中。2017年10月18日，中国共产党第十九次全国代表大会在人民大会堂开幕。习近平总书记在大会上明确提出，中国特色社会主义进入了新时代，这具有划时代的里程碑意义。取得如此辉煌成就的动力就是共产党为中国人民谋幸福，为中华民族谋复兴的初心和使命。推力包括与中国交好的世界各国，包括国内各民族的努力奋斗，也包括作为教师的我，更包括作为学生的你们。希望大家牢牢记住"少年智则国智，少年强则国强，少年独立则国独立，少年进步则国进步"。

（设计意图：联系国家发展的推动力，引导学生理性爱国，为实现中华民族伟大复兴的中国梦而不懈奋斗。）

步骤六：课后延伸——推动力导图

要求学生用思维导图的形式绘制一份自己的学习推动力导图作为本周班会作业。

人生如树　树如人生

梅州市梅州中学　罗庆松

【活动适用年级】

高一、高二年级。

【教学形式】

观察活动、小组讨论。

【参加人员】

班主任、全体学生。

【活动背景】

高一新生入学初期对学校还不够了解，目标还不够明确，自豪感、使命感和荣誉感尚且不足。通过带学生观察学校建校初期的几棵百年大树的不同生长情况，对学生提出问题，引导学生讨论思考，最后得出结论——人生需要经历磨难才能茁壮成长，从而树立学生作为百年名校一员的自豪感和荣誉感，引导学生形成良好的品行和树立远大目标。

【活动目标】

（1）让学生了解学校的情况，增强学生的自豪感和荣誉感。

（2）通过百年大树的故事鼓励学生要摒弃不良习惯，树立远大的志向。

【活动方法】

观察活动、小组自由讨论等。

【活动准备】

校史材料、制作课堂PPT。

【活动过程】

步骤一：引入活动

（1）播放学校的相关校史材料PPT。

（2）提问学生对自己的未来有什么看法。

课堂实录

师：同学们，欢迎大家来到百年名校梅州中学就读。我校创建于1904年，由清末著名外交家、爱国诗人黄遵宪创办。1912年由东山初级师范学堂、嘉属官立中学、务本中学堂、梅东中学整合并改组为公立梅州中学。1921年改称省立第五中学。1949年改为广东梅州中学。建校115年来，学校为商界、政界、学术界培养了众多杰出的人才，包括叶剑英元帅和谢晋元等40多位将军，李国豪、江欢成、廖万清等8位中国科学院、工程院院士，曾宪梓等50多位厅级以上干部，以及林风眠、李金发等600多位教授级专家学者。来到这么一所人才辈出的学校，大家感觉如何？

生（异口同声）：自豪！

师：是的！老师也为能够在这样一所学校任教而感到自豪！同时，我也感到非常荣幸，因为你们作为新一届梅中学子，可能在将来也会拥有一个非常远大的前景，如先辈们一样，为国家的繁荣昌盛做出应有的贡献！你们能不能做到？

生：能！

（教师随机采访几位学生，让他们谈谈对未来的看法。）

师：同学们，非常好，人贵在有志！前辈们已经给我们树立了良好的榜样，我们要做一个仰望星空、脚踏实地的人。理想该如何实现，为了实现理想需要注意些什么，这都是我们接下来要考虑的。接下来，老师准备做回导游，带大家去校园里走一走，向大家介绍介绍我们校园的情况，同时也希望大家带着老师提出的问题，仔细观察，回来我们将要进行一次大讨论，明确我们的学习目标，以及你们将来的人生目标。

（设计意图：通过图片展示和对话，调动学生兴趣，初步激起学生的荣誉感和自豪感，起到良好的热身效果，引入活动。）

步骤二：游览校园

（1）带全体学生游览学校的主要建筑物，要求注意观察建筑物的名字有什么特点。

（2）带学生走到老校门旧址，看学校建校所植的四棵百年大树，要求对比这四棵大树分别有什么特点。

（3）回班级，小组讨论：

①学校建筑物的名字有什么特点？

② 四棵百年大树有什么特点？为什么三棵大树仍然郁郁葱葱，一棵大树却被砍掉了？

③ 如果把这些树比喻为人的成长，生长得郁郁葱葱的大树和被砍掉的大树分别给你什么样的启示？

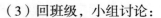 **课堂实录**

游览校园和观察四棵大树后，回班级让学生小组讨论。

师：同学们，大家有没有发现学校建筑物的名字有什么特点？

生1：老师，我们发现学校的建筑物基本上都是以校友的名字命名的！

师：非常好，大家还是观察得挺仔细的。我们学校建筑物的名字除了告诉我们它的功能外，基本上都以校友的名字来命名，比如雪麟楼、锡昌教学楼、琼峰电教楼、彩荪教学楼、伯聪体育馆等等。为什么？

生2：为了纪念这些校友！

生3：因为这些楼都是校友捐建的。

生4：这些人一定都是取得了一定成就的校友！

师：是的。同学们，梅中一百多年的发展，培养了众多的优秀学子。当这些优秀学子毕业之后，在社会上取得了一定的地位和成就，他们都很乐意回到母校，为母校的发展献策献力，出钱出力。大家有没有发现，我们学校的每一栋教学楼，每一个教室，甚至一花一草一木，都是以我们校友或他们的亲人的名字来命名的。

为什么我们这么多校友、师兄师姐们都愿意为我们学校的建设和发展献策献力呢？因为，在他们心中始终认为，正是母校当年对他的培养，造就了他今天的成功！所以，他们愿意在有所成就之后，回报母校，同时也希望他们的师弟师妹们将来也能够有所成就，传递好母校发展的"接力棒"。

因此，我们要珍惜我们的校友们给我们创造了这么优雅舒适的读书环境，我们要爱护好学校的花草树木，我们要爱护好学校的公共财物，我们要时刻维护学校的声誉。因为一旦你穿上了梅州中学的校服，你就代表了梅州中学的学子形象。李克强总理说过"大道至简，有权不能任性"，我想作为梅中的学子则应"学习至简，德行不能任性"。大家说，是不是？

生：是！

（设计意图：让学生明白学校的建设是历代梅中人努力的结果，要珍惜、爱护好今天的读书环境，更要学习先辈们知恩图报的良好德行，鼓励学生成为新一代的梅中人。）

师：我们再来看看这三棵百年的参天大树，你们觉得，这三棵大树给我们带来了什么？

生："绿化、美化校园！""帮我们挡住强烈的阳光，这样我们就可以在树下乘凉和读书""给我们提供了清新的空气"……

师：是的。学校成立之初，不像现在这样到处花繁草绿，绿树成荫。相反，那时候的校园，黄土朝天，尘土飞扬，学子们的读书环境无从谈起。所以，我们的先辈们在校园里种下了一棵棵小树苗，不仅希望它们能美化校园，为学子们提供幽静的读书环境，也寄望我们学校的万千学子能够像它们一样成长为参天大树。俗话说得好"十年树木，百年树人"。时至今日，我们学校已经培养出成千上万的优秀学子，而这几棵小树苗也已经成长为参天大树了。可以说，它们是我们学校发展的见证人。大家认为在过去的百年时间里，它们经历了什么才能成长为今天的参天大树？

生："应该经历了不少风风雨雨""见证了我们学校一批又一批学子的成长""经历了学校的发展变化"……

师：大家的猜测都很准确。在近百年的时间里，这几棵大树经历了人世变换，世道沧桑，更不必说经历无数个日晒干旱、狂风暴雨的日夜，甚至遭到虫害的侵袭和人为的破坏。但是，这些都没有压垮它们，反而促使它们更加努力地生长，终于生长为今日郁郁葱葱的参天大树。

同学们，大家再想想这些大树的生长跟我们人的成长有什么相似之处呢？

生："人像树一样，都要努力生长""我们要吸收阳光雨露，把根扎深，努力生长！""我们要敢于面对困难，克服困难，茁壮成长！""我们要努力读书，像它们一样成长为参天大树，做国家的栋梁！"……

师：大家说得非常棒！百年的风吹雨打日晒没有摧毁树木，反倒使它们茁壮成长。因为大家都知道，树的成长过程需要吸收阳光雨露，所以烈日可以给它养分，大雨可以滋润它的枝干，狂风可以强壮它的根系，所以它们不仅没有被这些困难压垮，反倒把根深深地扎进地里，把困难当作历练，努力地向上生长着。其实，我们的人生不也如此吗？我们的一生是否能够不经历风雨、没有任何压力和困难？如果不是，我们又要拿什么来战胜压力和困难呢？很多同学读书至今，可能都还不明白我们为什么要读书。其实，书本上的知识之于我们就如"阳光雨露"之于大树一样！读书的过程，就是我们吸收"阳光雨露"的成长过程。有位教育专家曾说过"一个人的成长发育史，就是他的阅读史"。知识就是力量！我们只有不断吸收这些"阳光雨露"，才能无惧压力和困难，从而不断反省自己，完善自己，成就自己，最终像这三棵大树一样茁壮成长，成为百年的参天大树，做国家的栋梁！

（设计意图：由百年大树的生长讲到人的成长，把大树所面对的各种困难挫折比喻成人成长中的历练；"十年树木，百年树人"，鼓励学生要像大树一样敢于面对困难，把根扎稳，努力吸收知识养分，茁壮成长。）

师：同学们，这里本来有四棵并排的参天大树，为什么要砍掉一棵呢？

生："风吹倒了？""是不是被雷劈了？""不应该砍掉它！""会不会被虫蛀了？"……

师：同学们，答案其实很简单——因为这棵大树发生了严重的虫害，蛀空了它的主枝干。一场大风随时都可能让它轰然倒下。如果不把它砍掉，它不仅不能为大家遮风挡雨，还可能会危及我们的安全。这生长着的三棵大树和那棵被虫蛀砍掉的树对大家有什么启示吗？

生："我们要做生长的大树，不要做被小草覆盖的树墩""我们要好好保护这些大树！""要及时发现虫害，加强锻炼，健康成长""如果不茁壮生长，就不能抵御虫害，不仅不能给别人带来阴凉，还会对他人有害"……

师：非常好！同学们，在树生长的过程中，即使是参天大树，当遇到了严重的"虫害"而又缺少保护的时候，也是会轰然倒塌。我们人也一样，在成长的过程中，难免会碰到各种类似"虫害"的困难。比如在我们学习的过程中，读书、作业、考试可能会枯燥无味，可能会经历痛苦和失败；有些同学可能会沉迷于网络、打架斗殴甚至沾染上其他更严重的恶习，产生厌学、逃学的现象……面对这些困难，如果我们不加以重视，加强抵御，及时处理，不仅可能会被掏空身体，甚至可能会被掏空灵魂，像这棵被砍掉的大树一样，只留下一个被小草覆盖的树墩，甚至已经成为小草的养分。所以，当同学们遭遇这类"虫害"的时候，老师和父母就是你们最好的保护神，及时为你们"施肥""除虫"和"修剪"，从而引导你们走上正确的成长轨道。

（设计意图：让学生通过这几棵百年大树不同的遭遇，明白人成长的过程，跟树生长的过程一样，要不断地加强自身修养和培养良好的习惯，听从父母、老师的建议和指导，避免遭受不良习惯的侵害，成为无用之人。）

师：大家愿意成为不断生长的大树还是愿意成为变成小草养分的腐烂树墩？

生：当然是还在不断生长的大树！

师：非常好！同学们，新东方俞敏洪老师曾说过："我们每一个人，都应该像树一样成长。即使我们现在只是树的种子，当你被踩到泥土中间，你依然能够吸收泥土的养分，自己成长起来。当你成长成参天大树以后，遥远的地方，人们就能看到你；人们走近你，你能给人一片绿色，一片阴凉。"腹有诗书气自华！我们学校这几棵百年大树为何能够根深叶茂、生机盎然，培养了数以万计的优秀学子？因为作为百年名校的学子，他们的心中早早种下了大树的种子。如果你已在你的心中播下了一颗大树的种子，树立了远大的志向。那么，从现在开始，好好珍惜学校提供给你的阳光雨露，准备去享受烈日、狂风、暴雨的洗礼，去迎接可能面对的孤独和失败的挑战吧！

（设计意图：通过俞敏洪老师的名言来激励学生要树立远大的理想，在心中埋下大树的种子，敢于面对困难，迎接挑战，最终实现人生的目标，成为国家的栋梁。）

步骤三：目标宣传栏

在班级里布置一块树形的宣传栏，按照"重点大学—本科—专科"的目标由高到低分为三块区域，要求学生根据自己的实际，写上自己的最终目标，贴在相应的区域，让大家都能够看到彼此的雄心壮志，互相加油，互相监督。

（设计意图：提升本次班会课的效果，在班级中形成良好的班集体文化。）

艰苦奋斗　永生相随

梅州市梅州中学　黄安河

【活动适用年级】

高一年级。

【教学形式】

看视频、小组讨论、自我反思、讲故事、唱歌等。

【参加人员】

班主任及全体学生。

【活动背景】

当今的中学生，大多数是独生子女，在家里被视作掌上明珠，受到百般溺爱，过着养尊处优的生活，逐渐形成以自我为中心的思想。这种自私的思想对学习影响甚大，他们缺乏吃苦耐劳的精神，缺少一股钻劲，做作业时，不愿意开动脑筋，喜欢边看答案边做题，甚至直接抄袭同学的作业。作为班主任我们感到亟待对中学生进行艰苦奋斗的教育。通过教育，改变他们的学习和生活方式，把他们培养成具有社会主义核心价值观、具有核心素养的全面发展的对国家和对社会有用的人才。

【活动目标】

（1）引导他们了解什么是艰苦奋斗。

（2）在学习和生活中体现艰苦奋斗的精神。

（3）让艰苦奋斗的精神永生相随。

【活动方式】

看视频、小组讨论、讲故事、归纳总结等。

【活动准备】

（1）准备制作班会活动设计。

（2）学习唱《真心英雄》。

（3）学生提前写有关对艰苦奋斗的理解。

【活动过程】

步骤一：引入活动

师：亲爱的同学们，大家好。在班会召开之前，我想给大家讲这样一则故事。一只蜗牛在草地里爬，它想要爬上泰山山顶去体会"一览众山小"的感觉。但是它一计算，需要用九百天，它摇了摇头。它又想到黄河源头，感受"黄河之水天上来"的气势，但是需要八百天，它又摇了摇头……最终这只蜗牛死在了烂草堆中。蜗牛的志向不能说不远大，但是它的悲哀在于不曾迈出一只脚，没有走半步路，因而"一览众山小"的感觉和"黄河之水天上来"的气势只能成为永远的梦。为理想而奋斗，实际的行动胜过千言万语。当我们有困难时，动脑去思考；当我们有渴望时，动身去追求。为理想而奋斗，调动全身的每一个细胞，哪怕还没有获得成功，我们也要一点点向成功靠近。为理想而奋斗，脚踏实地迈开脚步，无论是在宽广的大道还是在泥泞的小路，让途中留下你坚实的脚印，在沿途洒满你辛勤的汗水。在路上，我们耕耘；在道旁，我们思索。汗水和智慧洒满沿途，美丽和成就写在身后。要想提高学习成绩，实现制定的学习目标，我们需要有艰苦奋斗的精神，克服困难，勇往直前，直至成功。即使不成功，我们千万不可半途而废；相反的是，我们要继续努力，我们要有艰苦奋斗的精神，让它伴随我们终生，让它成为我们今后学习和工作的精神支柱。

下面我宣布"艰苦奋斗精神教育"的主题班会现在开始。

步骤二：开始活动

（1）播放邓小平同志事迹的视频。他提倡的改革开放；他带领中国人民在一穷二白、百业俱兴的基础上进行艰苦卓绝的斗争，通过自力更生、艰苦奋斗的创业精神，终于在国土面积世界第三的大地上取得了辉煌成就，令世界刮目相看。中国能有今天的辉煌，离不开邓小平同志毕生的努力。如果没有邓小平同志，中国就不可能有今天改革开放的新局面和社会主义现代化的光明前景。邓小平同志艰苦奋斗的精神至今仍在14亿中国人民的心中闪烁光辉。

环节小技巧：

① 请同学们自由发言，谈谈观看完电影片段之后的感受，使学生脑力激荡，对邓小平同志"艰苦奋斗"方面的精神进行深层次的思考；使学生意识

到，"艰苦奋斗"是一种精神，而不是一种简单的"吃苦"。

② 通过观看邓小平同志事迹的视频，学生心潮澎湃，不时地对邓小平同志为中国和世界做出的巨大贡献发出由衷的感叹和敬佩，从而加深对"艰苦奋斗"的理解。

③ 让学生思考如何把艰苦奋斗精神用于日常的学习和工作之中。

（设计意图：通过渲染，加深对艰苦奋斗的理解，思考着怎样应用"艰苦奋斗"精神。）

（2）观看资料，体验故事中的人物所具有的艰苦奋斗精神，体会他们从创业开始时艰辛到最后成功的经历。

① 艰苦奋斗集中表现为创业精神。肯吃苦、爱钻研的金牌工人许振超是青岛港的吊车司机，是一个只有初中文凭的桥吊专家，是一个一年内两次刷新世界集装箱装卸记录的人。

② 虎牌打火机的创始人周大虎，为了创业，一家人在没有厕所、没有厨房、没有窗户、没有空调的小阁楼里住了五年。

③ 威力打火机的董事长徐勇水当初在外做生意的时候，天天吃冷馒头，睡车站码头。他在东北做废品生意时，自己装车、押运，手和脚都磨出了水泡，衣服从没干过，老远就能闻到汗臭味。

环节小技巧：

① 引导学生理解这些事例说明了什么？

② 引导学生认识到，我们要实现自己的理想就必须发扬艰苦奋斗的精神。

（设计意图：运用视频和图文，声情并茂地告诉学生为了实现自己的理想和目标就必须具有艰苦奋斗的精神。）

步骤三：互动活动

请学生代表上台来朗读准备好的名人成功的故事。

生1：贝多芬的努力。

就在1824年5月7日这一天，贝多芬领导着他的乐队在维也纳的晚会会场演奏着他自己创作的《第九交响曲》。演奏完时，会场上响起了震耳欲聋的掌声，而贝多芬却一点也没有感觉到全场有那么热烈的气氛。这是怎么回事？原来当时的贝多芬已经听不见声音了。在1796年时，贝多芬突然患上了耳疾，可他还不注意，总认为自己的耳疾很快就会好的。可他的耳疾不仅没有好转，还更加严重起来。直到1819年，贝多芬彻底丧失了听觉，而他的心也彻底碎了。

但在面对命运的严酷打击时，贝多芬并没有屈服，他又一次从痛苦和折磨中站了起来，他的心又重新倒在了希望和坚强这边。他还发誓说："我要向命运挑战！我要扼住命运的咽喉，不要让它毁灭我！"从此，他便努力编写乐曲，奋发向上。就这样，贝多芬在遭受耳疾的巨大折磨下，战胜了病痛，创作了大量令人交口称绝的交响乐，以及其他一些音乐作品，成为一位举世闻名的大音乐家和作曲家。

生2：周恩来总理勤俭节约的故事，妇孺皆知，成为美谈。他一贯倡导勤俭建国、艰苦奋斗，要求"一切招待必须是国货，必须节约朴素，切忌铺张华丽，有失革命精神和艰苦奋斗的作风"。朱光亚同志曾回忆过这样一则故事：1961年12月4日召集专门委员会对当时第二机械工业部的一个规划进行审议。会议从上午开到中午还没结束，周总理留大家吃午饭。餐桌上是一大盆肉丸熬白菜、豆腐，四周摆几小碟咸菜和烧饼。周总理与大家同桌就餐，吃同样的饭菜。这个故事至今听来让人觉得很有教育意义。

生3：蒂芬·霍金勇战病魔的故事。

蒂芬·霍金1942年1月8日出生于英国的牛津。这是一个特殊的日子，现代科学的奠基人伽利略正是逝世于300年前的同一天。霍金年轻时就身患绝症，然而他坚持不懈，战胜了病痛的折磨，成为举世瞩目的科学家。霍金从牛津大学毕业后到剑桥大学读研究生，这时他被诊断患了"卢伽雷病"。不久，就完全瘫痪了。1985年，霍金又因肺炎进行了穿气管手术。此后，他完全不能说话，依靠安装在轮椅上的一个小对话机和语言合成器与人进行交谈；看书必须依赖一种翻书页的机器，读文献时需要请人将每一页都摊在大桌子上，然后他驱动轮椅如蚕吃桑叶般地逐页阅读……但霍金并没有因为病痛的折磨而放弃了对学习的渴望，他正是在这种一般人难以忍受的艰难中，成为世界公认的引力物理科学巨人。霍金在剑桥大学任牛顿曾担任过的卢卡逊数学讲座教授之职时，他的黑洞蒸发理论和量子宇宙论不仅震动了自然科学界，并且对哲学和宗教也有深远影响。霍金还在1988年4月出版了《时间简史》，目前已用33种文字发行了550万册，如今在西方，自称受过教育的人若没有读过这本书，会被人看不起。

（设计意图：让每位同学通过名人的故事用心地体会和感悟艰苦奋斗精神。）

（讨论并思考。）

师：当在奋斗中面对挫折的时候应该怎样去做？是放弃还是继续坚持？

生：吃尽苦中苦，方为人上人！不应该放弃，而要继续坚持，总有一天它会改变。你会发现你得到了很多很多……

师：你对艰苦奋斗的理解（实际意义）是什么？

生：艰苦奋斗是一种经历，更是一种心态，是一颗积极向上的心的表现。艰苦奋斗的结果并不是最重要的，当然谁也不会拒绝好结果！艰苦奋斗的历程是美好的，正如登山一样，登山在登，当你为了到顶而排除万难、奋发向上的时候，你已经得到了最好的东西。

师：我们现在应该怎样去艰苦奋斗（可针对即将参加的高考来谈）。

生：认真学习，刻苦钻研，努力学好文化知识，为日后的高考打下坚实的基础。

师：同学们，从上面的事例可以看出，重要的不是成功，而是奋斗。凡是欲得到成功，必要付出代价——艰苦奋斗。下面请大家来思考几个问题。

（设计意图：让学生独立地思考，找出问题的答案，教师顺势引导，水到渠成。）

步骤四：我来反思

静思三分钟，播放背景音乐——周华健演唱的《真心英雄》，让学生思索中学生缺乏艰苦奋斗精神的表现有哪些？试举例说明。

（1）学习上缺乏勤奋、踏实的精神，害怕吃苦。

（2）生活上追求高消费、超前消费，讲究吃喝，追求名牌服饰。

（3）浪费粮食，缺乏勤俭节约精神。

（4）学习上缺乏积极进取的精神，满足于现状。

（5）墨守成规，缺乏创新精神。

步骤五：讨论活动

小组讨论：中学生应如何培养艰苦奋斗的精神？

（1）在学习上：顽强拼搏、勤奋刻苦，努力学习并掌握丰富的科学文化知识和技能技巧。

（2）在生活上：培养俭朴的生活习惯，艰苦朴素，勤俭节约。

（3）在工作上：忠于职守，吃苦耐劳；善于创新，爱岗敬业。

（4）在精神上：培养不怕困难、不怕挫折的精神，遇事要迎难而上，不畏难而退。

（5）在思想上：保持高昂旺盛的斗志和拼搏进取的精神，为远大理想奋斗不息。

步骤六：归纳总结

师总结：理想不是镜花水月，奋斗也不是一飞冲天，而在于我们日常一点一滴地做。千里之行、始于足下，同样千里长堤也可毁于蚁穴。生命的奇迹并不是我们想象中的那么难以创造，只要我们有目标，有理想，然后认认真真、脚踏实地地做好我们力所能及的每一件事，那么我们每个人的人生当中都会有一份自己书写的美好篇章。

第六章

青春话题

6

人际交往贵在把握"度"

梅州市梅州中学　罗庆松

【活动适用年级】

高中年级。

【教学形式】

游戏、体验式活动、小组讨论。

【参加人员】

班主任、全体学生。

【活动背景】

最近班里、宿舍里有几位学生因为彼此间说了一些开玩笑的话而产生矛盾，不仅恶语相向，还有打架的趋势。虽然经过及时处理，但是学生之间还是不够和谐，学生彼此间仍有隔阂，班里就像随时都埋着一颗"不定时"炸弹一样。要如何做通学生之间的思想工作，形成良好的班级凝聚力，是一件迫在眉睫要解决的事。

【活动目标】

（1）让学生通过推杯子的游戏来体验把握"度"的重要性。

（2）让大家通过推杯子的游戏讨论如何把握"度"，进而讨论人际关系中的"度"。

【活动方法】

游戏、观察活动、小组自由讨论等。

【活动准备】

（1）活动材料：3个玻璃杯、水、洗洁精、课桌。

（2）制作课堂PPT。

【活动过程】

步骤一：引入活动

（1）介绍本节课的主题。

（2）与学生讨论对"度"的理解，引入活动。

课堂实录

师：同学们，我们今天的主题是——人际交往贵在把握"度"。老师在这个"度"上面加了双引号，是想问问大家对于"度"的理解是什么？

生1：有原则！

生2：把握好分寸！

生3：有肚量！

师：大家说得很不错，正如公说公有理，婆说婆有理，但是很多同学对这个"度"对我们的人际关系有什么影响，却还不太了解。今天为了让大家更加直观地了解人际关系中的这个"度"，老师想先邀请大家一起来玩个推杯子的游戏，好不好？

生：好！

（设计意图：通过对"度"的讨论，吸引学生兴趣，让学生带着对"度"的思考进行下一环节的游戏。）

步骤二："推杯子"游戏

（1）在讲台前摆好长条课桌，在桌上的一端放上装满水的杯子，要求学生把杯子从一端推到另一端，推到另一端的桌沿不出线即为成功。

（2）第一次：几位同学推杯子，杯子要么不动，要么倒了。

（3）第二次：在桌子上洒满兑了洗洁精的水，再让学生来推，学生有成功的。

（设计意图：这一环节最重要的就是尽量让更多的学生主动来参与这个活动，特别是在第二次的那个环节，一定要请有矛盾的那几位同学进行"推杯子"游戏，有利于后面让他们自己发现"度"的问题。教师不用太着重学生推杯子的结果，要不断地鼓励和促使他们来推杯子，营造活动热烈的气氛，以便让那些人际关系较差的学生感受更加深刻。允许他们多尝试几次，以得到不同结果。）

步骤三：讨论阶段

（1）请各小组成员讨论以下问题：

①刚才第一次"推杯子"游戏为什么不成功？

②为什么桌面上洒了有洗洁精的水，杯子就可以推得动了？

③在人际关系中，什么扮演了"有洗洁精的水"的角色？

④在第二次的推杯子中，出现了哪些情况？

⑤这些情况分别代表了我们人际交往中的哪些情况？

⑥从这些情况中你得到了什么启示？

（2）师生互动。

课堂实录

师：好的，请××同学来说说你们对第一个问题是怎么看的？

生：因为桌面太粗糙了，杯子里又有水，摩擦阻力太大。力太小，推不动；力太大，杯子就倒了。

师：为什么桌面上洒了有洗洁精的水，杯子就可以推得动了？

生：因为水加入洗洁精，洒在桌面上就相当于润滑剂，所以水杯就可以推得动了。

师：如果把上面的这些比喻成我们的人际交往，"桌子"要和"水杯"交朋友，可惜摩擦很大，该怎么办？

生：需要润滑剂！

师：那我们生活中哪些人或物可以充当我们交朋友的"润滑剂"呢？

生："老师""父母""共同的爱好""相同的语言""互相关心"……

教师引导：大家说得太好了！同学们，我们所有人，一开始都像桌子和水杯一样，都是陌生人，互相之间有摩擦、有阻力。但是，正如大家看到的，通过具有润滑作用的洗洁精水，桌子和水杯还是可以一起配合完成任务的。这就像我们人际交往，我们为什么会成为同学、朋友呢？因为有缘！我们可以在全城50多万人中，来到一个只有40人的班级，成为朝夕共处的同学，这是多么小概率却又多么神奇的缘分啊！因为学习，我们走到了一起！因为有踢足球、唱歌、跳舞等共同的爱好，我们成为好朋友！因为学校的各项集体活动，我们走到了一起！因为彼此关怀，我们成了一生珍惜的老同学！这一切的一切，都是我们人际关系中难得的润滑剂啊！

（设计意图：用"桌子"和"水杯"来比喻交朋友，不指名道姓，避免学生的尴尬，学生易于接受。同时设置情境，让学生代入角色，发现自我问题。）

师：有了润滑剂之后，在第二次的推杯子游戏中，主要出现了哪些情况？

生1：推的力度不够，杯子走不远。

生2：推的力度太大，杯子摔下来，还打碎了！

生3：推的力度刚刚好，杯子正好停在桌沿！

师：大家认为，这三种情况分别代表了我们人际交往中的哪些情况？你得到了什么样的启示？

大家纷纷提出自己的意见，基本上都总结出来了。

教师引导：同学们，这三种情况恰恰反映了在人际交往中我们对于"度"的把握程度影响着我们与朋友间的关系：

第一种情况，说明你在跟朋友的交往中没有"度"，太过小心翼翼，固守自己的三分地，不敢对其他人敞开心扉，其他人自然而然也对你封闭内心，你们之间的关系如何就可想而知了。这个道理如同大家每天照镜子一样，你对着镜子里的"人"笑，"他"也自然对你笑。所以，希望这类同学能够对他人敞开心扉，真诚待人，关怀他人，做到良好沟通，相信其他人也会对你报以桃李的。

第二种情况，说明本来你已经跟朋友相处非常融洽，却不懂得把握与朋友间交往的"度"，不仅没有升华友谊，你们之间的友谊还像玻璃杯一样，当你越过了"桌沿"这个"度"，就会摔得支离破碎。我们有些同学，本来是很好的朋友，因为一些过火的玩笑或者偶尔的误会，彼此间逐渐产生隔阂，最终形同陌路；有些同学，因为彼此间的生活习惯不同，说话方式方法不同，触发了彼此的底线，不仅朋友没得做，甚至拳头相向成为仇人。希望有这些问题的同学要明白，每个人都有每个人的个性特点，不可能像同一个模子印出来的一样，我们要学会包容彼此的缺点，互相促进，共同提高。

第三种情况，说明你跟你的朋友之间的友谊契合度非常高。大家对于"度"的把握刚刚好，互相配合，互相促进，我们经常说的"志同道合，亲密无间，形影不离，莫逆之交"等就是形容这一类人。俗话说得好"在家靠父母，出门靠朋友"，古有"管鲍之交""刘关张桃园结义"之美谈，你们现今呢？当你在宿舍生病时，谁可以照顾你，给予你关怀？当你学习有困难时，谁可以帮助你？当你遇到麻烦时，谁可以给予你依靠？如果大家都拥有真诚的友谊，相信最可靠的就是你身边的朋友。所以，我们要小心地把握好彼此间的"度"，这个"度"就是要有共同的目标，彼此包容，相互促进，切莫锱铢必较。

（设计意图：通过"推杯子"游戏出现的三种情况，引起大家对于人际交往问题的共鸣，寻找自我的解决之道，以利于下面真心话环节的开展。）

步骤四：真心话

教师引导学生利用班会课这个场合，大胆地说出自己心中想对朋友说的话，或鼓励，或消除误解，或请求原谅，或提出目标，等等。

生1：谢谢老师！我现在才明白，为什么班里很少有同学跟我讲话，对我态度不好。原来是因为以前他们向我请教问题的时候，我总是一副很不耐烦的样子。

生2：××同学，对不起！我在家总是习惯在安静的环境下睡觉，所以那天被你们吵得心烦意乱，大声呵斥、辱骂了你们，我应该换个方式方法，是我不对！

生3、生4：××同学，说对不起的应该是我们。你骂得对，我们没有照顾到你的感受，而且，睡觉期间吵闹也是违反纪律的，动手打架更是错上加错，希望以后你继续监督我们。

生5：对！我们宿舍要争取成为学校的文明宿舍，不给我们班抹黑，请全班同学监督我们。

（设计意图：利用前面营造的氛围，趁热打铁，创造一个让大家都能够敞开心扉的场所，直抒心中所想、所感、所识，让学生自己发现问题，解决问题。）

成长的烦恼

梅州市梅州中学 廖素霞

【活动适用年级】

初一年级。

【教学形式】

游戏活动、小组讨论、教师启发总结。

【参加人员】

班主任、全体学生。

【活动背景】

初一新生入学后，由于新环境的改变、学习科目的增多以及青春期身体心理的变化而产生学习上不适应、与家长的矛盾或与同学之间交往的困惑。

通过开展游戏引导学生回忆童年的美好时光，进而敞开心扉倾诉自己的烦恼，并在倾诉的过程中发现青春期烦恼的普遍现象，正视青春期烦恼，以便在面对这些烦恼时有正确的心态，引导学生采用正确的方式处理青春期烦恼，从而尽快适应初中生角色，健康成长，快乐投入初中学习生活。

【活动目标】

（1）让学生意识到青春期烦恼的普遍性。

（2）通过游戏，倾诉心事和小组讨论环节增进同学之间的感情。

（3）引导学生正确处理学习上的困惑、同学之间的交往困惑以及与家长的矛盾，帮助学生尽快适应初中生活和学习。

【活动方法】

以游戏活跃气氛，用纸笔写下心事；小组自由讨论、教师总结；等等。

【活动准备】

（1）活动材料准备：小游戏、便利贴、纸张、笔。

（2）收集家长寄语和教师寄语。

（3）制作PPT。

【活动过程】

步骤一：引入活动

播放歌曲《童年》，吸引学生的兴趣和注意，接着先玩"你比画我来猜"的小游戏，活跃气氛，引导学生回忆童年趣事。

课堂实录

师：同学们，刚刚播放的歌曲名字你们知道是什么吗？

生：《童年》。

师：歌词里写的都是一些童年中的小事。那么我想问问同学们，你们的童年里，有什么有趣的事情可以跟同学们分享的吗？

生1：我去乡下爷爷奶奶家看到很多城里看不到的动物。

生2：小时候作业没那么多，我经常去同学家玩游戏。

生3：我小时候养过一只猫，养猫的过程非常快乐。

师：同学们的故事都非常有趣。接下来我们回到童年，玩个小游戏怎么样？

生：好！

（设计意图：吸引学生注意力，把课堂气氛带动起来，引入活动主题。）

步骤二：动动手，写一写

（1）分发便利贴，引导同学们进入"我们来吐槽"环节。

（2）任务说明：每个同学回忆自己上初中以来在学习上，在家里或在学校与同学交往过程中出现的问题，然后在便利贴上写下你最难解决的问题。

（3）把全班学生分成若干个小组，每个小组一位小组长，负责收集组内成员的烦恼，并组织组内成员挑选出组员一致认为最典型的一个青春期烦恼，上交给老师。

课堂实录

师：同学们，我们进入初中以来，学习科目增多了，压力增大了。你们感觉怎么样？

生：精力不够，每天作业有好多……

师：除此之外，你们觉得还有哪些方面进入初中以来，比较适应不了呢？

生："跟身边的同学不熟悉，我的烦恼不知道跟谁说""我爸妈老是拿我跟别人家的孩子比较。烦死了"。

师：那老师给每一位同学发一张纸，我们把自己心中的烦恼都写出来，不吐不快，尽力吐槽，发泄我们的压力，大家说好不好？

生：好！

（设计意图：在歌曲和游戏环节后，氛围较为轻松，此时有利于让学生打开心扉，用纸笔，以匿名的方式写下自己心中的烦恼困扰，以便教师引导学生吐露心声，了解学生内心深处的真实状况。将学生分组并选出最为典型的青春期烦恼环节有利于学生了解同学之间各自的烦恼，寻找与同学们的共同点与不同点，从而产生青春期有这些烦恼是正常现象的观念。）

步骤三：讨论阶段

（1）讨论前教师收集各组推荐的最为典型的青春期烦恼，一一展示，并对这些青春期烦恼进行分类。一般来说，青春期烦恼可以归纳为初中学习科目增多导致学生学习成绩不够理想、学生因为学习问题与家长关系紧张、学生交友有障碍、学生在同学中不受欢迎、学生对自身形象不够满意五大类。教师在此环节应指出青春期烦恼的普遍性。

（2）发放小组讨论需要用到的纸张。

（3）进入"情感小专家"活动环节。选择教师展示的同学们的青春期烦恼中的一个，讨论问题出在哪里？说说面对这一烦恼，你有什么好的建议。

（4）以小组为单位，组长负责记录、总结组员的分析和建议。要求：每个组员踊跃参加发表各自的看法，也可以讲述自己类似的经历，以及他人是如何建议的。

（5）讨论结束后，进入成果展示阶段。每个小组选择一位同学把组长整理出来的针对某个青春期烦恼的建议进行分析和解说，教师可在学生解说后适当进行补充。

课堂实录

情感烦恼一：我目前在学业上最烦恼的是有一段时间意志消沉，成绩急剧下降，想重新回到从前，却发现好像跟不上老师讲课的进程。人际交往中常常被同学误解。

讨论成果展示：

小组一：我觉得这位同学学习基础一直以来都是不错的，虽然有过消沉，但是我们小组都相信你一定有能力迎头赶上，解决好学习上的难题。毕竟，你在我们小组成员中是尖子生，是学霸的存在，所以我们觉得你首先应该树立起信心！

小组二：我们小组讨论以后一致认为，学习没有什么捷径可走，退步了就必须查找原因，找到适合自己的学习方法，多跟同学讨论学习，不懂的知识点立刻问老师。

小组三：针对这位同学在人际交往方面的困惑其实我们组成员也有相同的经历。我们认为每个人都有自己的个性，同学之间有误解是正常的，我们觉得这位同学应该不必过多关注这些事情。

教师补充：青春期是个性发展的时期，同学们渴望友谊，也特别看重友谊。但老师认为同学之间在交往过程中不要一味付出，因为如果你付出太多，使人觉得无法回报或没有机会回报时，你就会被一种愧疚感笼罩，有一种无形的压力，这种压力就会导致受到恩惠的一方选择冷淡或疏远你。要主动交往，不要自卑退缩，要寻找价值观较为接近的人成为好朋友，这样的朋友更能够理解你的做法而不会轻易产生误会。

（设计意图：学生在上一个环节后，能够以比较平常的心态面对青春期的各种烦恼。此时可设计学生角色转换，尝试作为解决这些青春期烦恼的"情感专家"，体验从旁观者的身份来分析问题，有利于学生换位思考，多角度考虑问题。）

步骤四：学生交流感悟阶段

（1）烦恼面对面阶段。同学之间互相交流自己的烦恼，可以是学生之前写在便利贴上的烦恼，也可以是其他困扰的事情，让学生互相做彼此的情感小专家。

（2）学生经过讨论分析典型烦恼及烦恼面对面交流环节后，对自己的问题有了新的认识和见解。此时教师可鼓励学生正视自己的烦恼，写下自己应该怎么做以及鼓励自己的温馨话语。

课堂实录

学生的烦恼：我觉得父母毫不关心我的学习。如果我主动跟他们说什么

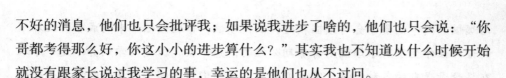

不好的消息，他们也只会批评我；如果说我进步了啥的，他们也只会说："你哥都考得那么好，你这小小的进步算什么？"其实我也不知道从什么时候开始就没有跟家长说过我学习的事，幸运的是他们也从不过问。

情感小专家1：我觉得天下的父母不会不爱自己的孩子，也不会不关心自己孩子的成长，可能他们关心的方式不是你想要的方式。我建议你可以细心观察一下与父母相处过程中，父母关心你的一些小细节。

情感小专家2：我认为你可以尝试把内心的一些真实想法跟父母心平气和地沟通一下。当然要选择合适的时间，如在父母比较清闲、心情比较好的时候说。我也有跟父母意见不合的时候，但我的父母会主动问我的想法，我觉得这是尊重我的体现，所以我也愿意跟父母说出我的想法。

教师补充：青春期时会与父母产生分歧，最大的原因就是父母不理解你在想什么，才会把他们所想的强加给你。当你不愿意按照他们要求的步伐走自己的路时，不妨主动一点，把自己的想法告诉父母，相互沟通，这才是解决问题的方法。青春期情绪不稳定，一点事情总会激发出大矛盾，父母的责怪更会让人头疼。但是我们应该静下心来，聆听一下父母的声音，看看爱我们的人爱我们的方式。另外，我们在青春期总觉得朋友才是对自己好的，其实，别人对自己好一点就觉得别人善良了，那为什么父母为自己做了那么多却不能理解父母的好？你的未来怎样与别人无关，但是父母却想你有一个美好的未来，他们只是用自己爱你的方式对你的未来负责，所以理解父母很重要。

（设计意图：学生经过上一个环节讨论解决他人的问题之后，对怎么面对与解决青春期烦恼有了一定的体验和认识。所以本环节设计学生面对面交流自己的烦恼，使学生学会倾诉，学会倾听，有利于培养学生之间的感情。）

步骤五：家长寄语和教师寄语

（1）在班会课之前收集学生家长以过来人身份以及最亲密的家人的身份对学生此阶段的烦恼表示理解与鼓励的微信对话截图；同时收集教师作为教育者对青春期学生各种烦恼的理解、对学生的期望，以及对学生学习上所遇到的问题提出的有针对性的学习建议。

（2）把家长寄语截图和教师寄语展示给全班同学，让学生知道家长和老师们对他们的支持和理解。

（3）班主任总结。

（设计意图：人的成长要经历很多个阶段，每个阶段都有它特有的魅力与烦恼。同学们要学会与烦恼相处，正视烦恼，体验烦恼带来的成长。此环节的设计让学生了解了烦恼是青春期必经的情感体验，但是同学们并不是一个人在忍受青春期的各种烦恼，家长们非常关注你们，老师们也在时刻准备为你们解答疑惑，提供帮助。）

步骤六：放飞心情，轻装出发

要求学生写下对青春的感悟，写下对自己青春年华美好的祝愿，放飞心情，调整心态，轻装出发。把这些感悟贴在教室一角，时时鼓励自己面对烦恼时正确对待，尽快进入初中生的学习、生活状态，健康成长。

缓解学习压力　做情绪的主人

梅州市梅州中学　叶映霞

【活动适用年级】

高一年级。

【活动形式】

小组讨论和游戏相结合。

【参加人员】

班主任、全体学生。

【活动背景】

每学期学生的学习都很繁忙，小测、单元考试、月考、期中考试、期末考试，很多学生的心理负担很重。如果没有考好，又会影响情绪，对能否取得好成绩信心不足。特别是遇到单元测试题目比较难时，学生的情绪就会一落千丈，学习积极性也急剧下降。本次主题班会就是要让学生通过各种活动学会缓解学习压力以及考试压力。

【活动目标】

本次主题班会让学生通过各种活动学会缓解学习压力以及考试压力，学会调控心理压力，以利于学生健康成长。

【活动方法】

小组讨论、游戏等。

【活动准备】

（1）调查学生心理焦虑的来源。

（2）音乐准备《拍手歌》。

【活动过程】

步骤一：引入活动

PPT展示漫画，反映学生平时压力大的状况。

课堂实录

师：同学们，这些漫画告诉我们什么？

生1：我们看到学生的学习压力太大了。

生2：学习压力大导致焦虑。

（设计意图：让学生通过漫画想想现实生活中的自己是否也存在着如此大的压力。）

步骤二：心理测试

课堂实录

师：这些漫画反映了学生的压力大，现在我们来做一个心理小测试。图片与你的受压力程度有关。

（展示心理小测试图片。）

师：不要盯着不动，用很正常的眼神去看。

生1：我看到图片是静止不动的。

师：证明你没有什么学习压力。

生2：我看到图片中的花瓣是一点点缓慢转动的。

师：那就证明你存在着一定的学习压力。

师：如果你看到图片是高速旋转的，证明你的内心是非常紧张焦虑的或者是犯罪嫌疑犯。有同学看到这种状态吗？

生：没有。

师：心理压力是一种个人主观的感觉，即个人在面对困难时，一时无法消除困难的一种被压迫的感觉。对我们高中生来说，学习压力是一个很普遍的现象，几乎每位学生都会觉得有学习压力。那么，我们该如何缓解我们的压力呢？

（设计意图：压力是一种无形的心理包袱，每个人都有，或轻或重而已。引导同学们正视自己的压力。）

步骤三：游戏

游戏一：家乡话赞家乡！

课堂实录

师：请同学用自己的家乡话赞美一下自己的家乡，并发表一下自己未来想对家乡做出哪方面的贡献。

生1：我的家乡在梅州，那里风景优美，空气清新，是一个很适合修身养性的城市。梅州人勤劳俭朴，热情好客，给每一位来梅州的游客都留下了美好的印象。我以后大学毕业了，一定会回来，继续美化我的家乡——梅州！

生2：我的家乡在五华。五华人民勤劳善良，为人仗义。"五华阿哥硬打硬"说明我们是值得信任结交的。长大后我要为五华的教育事业做出自己的贡献！

（游戏意义：家乡话能给自己带来一定的亲切感；抒发内心对家乡的热爱并想为其做出贡献，能激发出一种积极向上的心态。）

游戏二：每位同学用5到10个形容词形容自己，并从中找出3个最能代表自己的形容词，并解释为什么。

（游戏意义：了解自己永远是自己，重新认识自己能给我们带来自信）

分组对抗游戏：

（1）"记住我是谁"游戏方法。

每组派出6人。同学依次自我介绍姓名、爱好。但是第二名同学要说，我是××后面的××，第三名同学说，我是××后面的××后面的××……，最后介绍的一名同学要将前面所有同学的名字复述一遍，不出错或出错最少的队为胜。

（游戏意义：显示随机性，帮助同学熟悉小团体以外的其他同学。有多少人能说出班里所有人的名字？由于记忆力不好或者和有些同学接触不多，总有些人你眼熟他的样貌，但对不上名字。此游戏可以帮助大家互相加深认识。）

（2）脑筋急转弯。

必答题：

① 盆里有6个馒头，6个小朋友每人分到1个，但盆里还留着1个，为什么？（最后一个小朋友把盆子一起拿走了）

② 你能以最快速度，把冰变成水吗？（把"冰"字去掉两点，就成了"水"）

③ 什么海没有一滴水？（《辞海》）

④ 老王一天要刮四五十次脸，脸上却仍有胡子。这是什么原因？（老王是个理发师）

⑤ 什么情况一山可容二虎？（一公一母）

⑥ 什么人每天靠运气赚钱？（运煤气的工人）

⑦ 耶稣是哪一国人？（天国）

⑧ 后脑勺受伤的人怎样睡觉？（闭着眼睡觉）

加赛题：

① 中国人最早的姓氏是什么？（人之初，性本善）（善）

② 有一片草地。（打一植物）（梅花）

③ 人体最大的器官是什么？（打一成语，提示："胆"）（胆大包天）

④ 草地上有一群羊。（打一水果）（草莓）

⑤ （接④），又来了一群狼。（打一水果）（杨梅）

（设计意图：通过游戏，让同学们暂时忘记学习，从游戏中获得乐趣，重拾自信，并把这种自信融入学习中，以缓解学习带来的压力。）

步骤四：讨论

师：现在我们来讨论缓解学习压力的有效方法有哪些。

学生各抒己见发表自己不同的看法：

（1）不要把目标定得高于自己能力所及。

（2）有效分配时间，将学习任务或工作任务按轻重缓急编定先后次序，然后依次逐步完成，阶段性的成果可减少同时展开多份任务而又无法完成带来的压力。

（3）课余应做适量运动，既可强健身体，亦可减压；或可在教室做一些简单的伸展运动，以减轻肌肉疲劳。

（4）遇到困扰或情绪低落时，可与家人或朋友倾诉，通过与同学、同事的沟通获得支持和关怀，亦可发泄情绪。

（5）即使再忙，也要有必要而充分的睡眠，这对松弛紧绷的神经至关紧要，对于处在身体发育时期的学生来说尤为重要。

（6）如果实在感觉压力太大，无法承受致使情绪低落，不妨去听听CD，看看电视剧，哪怕偶尔"疯狂"消费一次也可以。当然这是一种矫枉过正的办法，不可频频使用，更不能成为你懒惰散漫的借口。

（7）养成持之以恒、平衡有序的生活习惯，不要做"书呆子"，别放弃享受美食、享受户外活动或发展个人兴趣所带来的乐趣。

（设计意图：我们感觉压力大时，要找一种适合自己的发泄途径，它既能让我们心情愉悦，又不致影响周围的人。）

步骤五：结束班会

全班齐唱歌曲《拍手歌》。希望同学们都能成功地缓解学习压力，做情绪的主人，共同创造属于高一（2）班的辉煌！

（设计意图：让学生通过此次活动，认识到由于学习压力而产生各种反应是正常的，正确对待学习压力，树立正确的考试观念，以积极的心态和行为面对考试。觉察自己面对学习压力的各种反应，能够全面、客观地认识学习压力，学会培养心理调控能力，化压力为动力，增强自信。帮助学生找出缓解学习压力的方法，从而营造良好的学习氛围，走向高考，铸就辉煌。）

考前减压团体心理辅导方案

梅州市梅州中学　古　萌

【团体名称】

"释放压力，向前冲冲冲"团体心理辅导。

【团体整体目标】

初三和高三的学生是一个特殊群体，巨大的学习强度和升学压力容易造成学生精神紧张。不良心理压力不仅会影响学生自身的学习和生活质量，还会影响班级学习环境，影响和谐学校氛围的营造。为此，希望通过团体心理辅导活动，营造一个真诚、理解、支持的学习氛围，使学生通过活动和分享，学会认识自我、悦纳自我、调节自我，学会面对现实，及时释放压力，调节情绪，提高心理承受能力，促进心理健康，以更加积极的心态面对中考和高考。

【团体领导者】

班主任。

【团体成员及规模】

初三或者高三一个班的学生有40人，依据他们的性别、性格、成绩等条件进行分组，每组8人，共5组。

【团体活动时间】

每周一次的班会课，每次40分钟，共4次。

【团体活动场所】

学校心理咨询室、教室（需将桌椅搬到教室外面）或体育室。

【团体辅导具体方案】

主题活动一：认识压力 积极面对

（一）活动目标

了解自己及他人的压力情况；交流分享压力对自己的学习、生活的影响；分析、寻找主要的压力事件；交流、分享缓解压力的有效方法。

（二）活动时间

40分钟。

（三）活动材料

彩色笔、A4白纸、硬纸板。

（四）活动顺序

阶段一：压力光谱图

（1）主持人请两位成员，间隔约5米站立，分别代表数字"0"和数字"10"，并说明"0"代表几乎没有压力，"10"代表压力很大难以承受。数字"0"到"10"之间的数字"1~9"代表考试压力的连续"光谱"。

（2）请团体成员评估自己的压力大小，并站到"光谱"的相应位置。同样程度压力的成员可站成一排。

（3）请成员相互观察一下，了解自己的压力情况，了解其他人的压力情况。

（4）组织团体分组，每组5人，共8组，成员围坐在一起，交流和分享：

话题一：你的压力情况（0~10的某一水平）是怎样的？为什么这样评估？

话题二：这种压力对你目前的影响是什么？

注意：①主持人一定要邀请代表数字"0"与"10"的两位志愿者也谈一谈，并请团队感谢他们两人做出的贡献；②个别成员若情绪较激动，主持人及时给予支持。

（5）主持人小结：了解了自己的压力，也了解了其他人的压力，大家有什么感想？其实，面对一个比较重要的事件，我们都会不同程度地紧张，感到压力，这是很自然的事情。面对压力，我们每个人并不"孤单"。

阶段二：我说你画

（1）将事先准备好的彩笔和硬纸板分别发给每位参与者。

（2）宣布游戏规则：参与者根据指令一笔一笔地画，不许问，不许涂擦，不许相互观望。

（3）主持人下指令：先画一个大圆，再画很多条直线；然后画一个中圆和两个小的椭圆，再画一个直勾和两个半圆。

（4）参与者将自己的作品展示给大家看，大家从中挑选出感觉最好的作品和最不好的作品。（最好的指看起来像一幅画，最不好的指什么也不像。）

（5）请被选出的最佳作品的作者A和最不好作品的作者B，分别讲述自己完成作品的过程。

主持人讲解：这是一个利用心理投射原理进行的心理测验游戏。我并没有想要大家画出什么，只是想通过这个活动让大家明白，在完成同样一件事情时每个人所感受到的心理压力是不同的。A的心理压力最大，B几乎没有什么心理压力。原因是，A在接受外部工作任务的同时，又不自觉地给自己下了一道任务（我必须……，我应该……）。这样任务加任务就使得任务变得复杂化，他执行起来难度就会加大，心理压力也大。从这个角度讲，心理压力是我们自己造成的。

（6）交流分享：①从游戏中你感悟到了什么？②谈谈毕业班学习中所感受到的种种压力。

注意事项：在画的过程中，注重第一感觉，随心而画，不要询问，也不要和旁人商量。

主题活动二：认识自我压力探索

（一）活动目标

通过"戴高帽"游戏，学习如何处理生活和学习中人际关系压力的问题；通过压力圈图，了解生活和学习中压力的来源；通过相互支招，分享和学习释放压力的方法。

（二）活动时间

大约40分钟。

（三）活动材料

笔、压力圈图（事先设计并打印好）、高帽（可以用彩色卡纸自制）

（四）活动顺序

阶段一："戴高帽"

（1）8人小组围圈而坐。请一位成员坐或站在圈中央，戴上纸糊的高帽子。其他人轮流说出他的优点及欣赏之处（如性格、相貌、处事……）。

（2）被称赞的成员说明哪些优点是自己以前觉察的，哪些是不知道的。

（3）每个成员到圈中央戴一次高帽。

（4）小组交流体会并派代表在团体中交流。

注意事项：规则是必须说优点，态度要真诚，努力去发现他人的长处。不能毫无根据地吹捧，这样反而伤害别人。参加者要注意体验被人称赞时的感受如何？怎样用心去发现他人的长处？怎样做一个乐于欣赏他人的人？

阶段二：压力圈图

（1）分发给每位成员"压力圈图"纸张。

（2）请组员在大小圈中写最近生活中的各种压力（大球代表大压力，小球代表小压力）。

（3）小组分享与交流：①你的压力来源有哪些？②每个球给你的感觉是什么？③压力很大时身体感觉如何？④你如何处理这种压力？

主题活动三：舒缓压力释放自我

（一）活动目标

减轻疲劳，舒筋活血，缓解压力；认识压力的代价和舒缓压力的益处；认识和学习应对压力的基本方法。

（二）活动时间

40分钟。

（三）活动材料

彩笔、硬纸板。

（四）活动场地

较大的室内活动空间。

（五）活动顺序

（1）请大家肩并肩围成圈站立。

（2）请大家向右转，前后站立并围成圈。

（3）根据指令，请后面的成员为前面的成员敲背、捶肩、捏肩膀，可以向前围成圈走动，边走边敲边唱："敲敲背呀敲敲背呀、捶捶肩哪捶捶肩哪……"

（4）走动两圈以后可以问前一位感觉如何？然后再请大家向后转，继续为前面的成员敲背、捶肩、捏肩膀。

（5）如此可以反复多次，等大家气氛活跃，身体放松后停止游戏。

（6）根据自己的体验，尽其所能列出所有有助于自己放松的活动，并选出三个效果最好的方法制订一份幸福清单，设定并公布自己想要从事的放松和减轻压力活动的清单，特别是那些方便在平时参与进行的活动。

（六）交流分享

（1）平时当大家处于高压状态下可能会出现哪些反应？你通常使用哪些方法对抗压力，效果如何？

（2）你如何实施你的幸福清单？

（3）为什么幸福清单需要张贴出来而不只是写下来而已？

注意事项：

（1）活动过程中，主持人最好加入队伍中和大家一起做游戏。

（2）队形排列可以变化。可以用方阵的形式，也可排列队伍站在原地活动，也可用小步跑或快步走的形式。

主题活动四：放飞心灵拥抱明天

（一）活动目标

选择符合成员特点，有吸引力、有新鲜感的活动，努力为成员留下深刻的印象；结束团体活动，使成员充满信心地迎接明天。

（二）活动时间

40分钟。

（三）活动场地

室内、室外均可。

（四）活动顺序

（1）主持人请大家站立，围成圆圈，将两手搭在两侧成员的肩上，聚拢静默30秒。身体的接触带来温暖和力量，使成员在结束前更真实地感受到团结的力量，获得支持与信心。

（2）大家轻轻地哼唱共同熟悉的歌曲，并随着歌曲旋律，自由摇摆。从儿童歌曲到乡村歌曲，全情投入，一首接一首。全体成员在一个充满温馨甜蜜而又有内聚力的情境中告别团体，走向生活，留下一个永远的、美好的、难忘的记忆。

（五）交流分享

（1）回忆整个活动，给你留下最深刻印象的是哪一次活动或者哪一个细节？

（2）你觉得自己最大的收获是什么？

（3）临别前，你最想送给同伴的祝福赠言是什么？

注意事项：

（1）主持人可事先征求成员意见，选出大家共同熟悉的备选歌曲。

（2）要求每一个人都要送出祝福赠言。通过相互祝愿，大家带着信任，想到能和大家相互支持、帮助，想到有这么一群伙伴，今后的学习一定会有很大进步，考上心仪的学校！

主题辩论赛：网络使人亲近PK网络使人疏远

梅州市梅州中学　邱少旭

【活动适用年级】

高中。

【教学形式】

主题辩论赛。

【参与人员】

班主任、全体学生。

【活动背景】

随着现代信息技术的发展，网络对人们的生活、学习和交流等产生极大的影响。高中生如何看待网络、利用网络、处理网络与人的关系对其德育发展意义重大。

【活动目标】

（1）让学生辩证地看待、利用、处理网络的利与弊，促进德育发展。

（2）让学生能更重视亲情、师生情、同窗情的培养和表达。

（3）培养学生的辩论能力、应变表达能力、逻辑思维能力。

【活动方式】

辩论、讨论、点评。

【活动准备】

（1）辩论会场布置：在黑板写上辩论主题，挂上正反方队名横幅，摆放好桌椅等。

（2）选拔人员：主持人、正反辩手、智囊团、计时员、公证员。

（3）打印3份奖状：团队奖状1张和最佳辩手奖状2张。

【活动过程】

（一）辩题主题

正方（百辩金刚队）：网络使人亲近。

反方（千机辩队）：网络使人疏远。

（二）组织人员

（1）正反双方辩手各4名，正反双方智囊团各3名。

（注：双方智囊团由各自团队寻找，可在辩论过程中以传递小纸条或传话形式，为自己团队提供主意或信息等帮助，但不直接参与辩论。）

（2）主评委3名+观众评委20名。

（注：主评委由班主任和两位学生组成，可以从不同角度比较公正客观地进行点评；观众评委由除辩手、智囊团、主持人和计时员外的其他20位同学组成。）

（设计意图：让全体学生都参与其中，提高班会的参与度与公平性；智囊团可以弥补辩手的不足、做辩手的后援。）

（3）主持人与计时员各1名。

（4）记分员与公证员各1名。

（三）评判规则

辩论结束后，由评委根据团体整体表现投票评选出胜方；根据辩手个人表现评选出最佳辩手（正方各一位）。

（四）辩论赛过程（40分钟）

1. 主持人发言（约1分钟）

课堂实录

主持人：老师，同学们，大家下午好！随着信息技术的发展，电脑和手机已经走进了千家万户，网络也随之进入人们的学习、工作和生活中，网络的发展与应用正在不断地影响我们的方方面面。今天我们就"网络使人亲近还是疏远"这一主题举行一场主题班会辩论赛。正方观点为"网络使人亲近"，反方观点为"网络使人疏远"。主题辩论共有5个环节：立论阶段、驳立论阶段、质辩环节、自由辩论、总结陈词。希望正反双方能够充分发挥你们的最佳水平、展现你们的风采。首先请双方辩友自我介绍。

下面我宣布本次主题班会辩论赛正式开始！

正方：大家下午好，我们是"百变金刚队"。我是一辩××，我是二辩××，我是三辩××，我是四辩××。我们的口号是"只要辩不死，就往死里辩"！

反方：大家下午好，我们的队名是"千机辩"。我是一辩××，我是二辩××，我是三辩××，我是四辩××。我们的口号是"我思，我想，我辩，我们一起飞扬"！

计时员：为了让辩手更好地把握时间，当时间剩下30秒时，我会以铃声示意大家注意时间，时间到后以连续铃声表示停止。

2. 立论阶段（共5分钟）

（1）正方一辩开篇立论，阐述"网络使人亲近"的论据，用时2分30秒。

🔲 **课堂实录**

正方一辩：首先，我方的观点是"网络使人亲近"。网络是一种联系的途径，是一种获取信息、交流的途径，关键要看我们如何去使用。但我方所认为的"网络使人亲近"并不否认现实的互动交流也可以使人亲近。网络的优点可以弥补现实中我们无法面对面交流的不足，它能够跨越时间、空间的距离，即使我们远隔千里，也能使我们维系感情、促进感情，以前人们是天涯海角各一方，如今可以是相隔千里来相会，千里姻缘一线牵。这些都可以说明网络确实让人们更方便交流，它不仅拉近了我们情感的距离，使我们更加亲近，也使这个世界变小。以前没有网络，我们只能海内存知己，哀叹劝君更尽一杯酒，西出阳关无故人；而有了网络，我们却能天涯若比邻，我寄愁心与明月，随君直到夜郎西。综上所述，网络是一张四通八达的网，它贯穿我们的生活，联系着我们，在这张网中我们交换着心与心，网络使人亲近无可非议！

（2）反方一辩开篇立论，阐述"网络使人疏远"的论据，用时2分30秒。

🔲 **课堂实录**

反方一辩：我方的观点是"网络使人疏远"。首先我们必须明确一个概念。网络并不会使交流更方便，但却占用了我们的时间。当我们在使用网络与人交流时，可能同时还在玩手机、听音乐、看视频、玩游戏，如果我们在交流时都不能专心，又何谈心与心的交流呢！世界上最远的距离，不是生与死，而是我坐在你面前，而你却在低头玩手机！身边的人越来越陌生，不知道身边的人是喜是悲，这样的网络不是使人疏远吗？！

3. 驳立论阶段（共4分钟）

（1）反方二辩驳对方一辩观点，用时2分钟。

课堂实录

反方二辩：首先，网络是可以方便人们交流，但这并不是真实情境。以前没有网络，小伙伴成群结队一起去外边玩耍，现在有了网络，大家全部窝在家里玩手机。其次，以前同学聚会有各种娱乐活动，现在聚会我深有体会，吃饭时，大家都基本不交流，都在低头玩手机。这样的同学聚会可以使人亲近吗？有什么意义吗？再次，网络再精彩，也只是虚拟的。留守儿童，他们需要的是在日常生活中去关心他们、陪伴他们，这种情感的关切是网络完全给不了的。最后，网络可以拉近人们时间和空间上的距离，但是并不代表能拉近思想感情上的距离。"亲近"指的是情感层次的问题。记住一件事情，天冷了，给你添衣的是你的父母、是你的亲人、你的朋友，而不是你的网友。留守儿童在堆满玩具的房间里，呼唤爸爸妈妈的陪伴；老人在富足的生活中，呼唤儿女们常回家看看！在每个人的内心深处都感觉到了人情的淡薄，难道我们还忍心让我们一颗颗满是伤痕的心去编造一个"网络使人亲近"的谎言吗？！打开网络，你以为你拥有的是整个世界，然而，关上网络，你只是一个孤独的灵魂！

（2）正方二辩驳对方一辩观点，用时2分钟。

课堂实录

正方二辩：我想提醒一下对方辩友，网络的本质使人亲近，只是人的不恰当使用行为使其疏远。……有了网络，我们可以便捷地与远方的亲人朋友交流，可以与同事、老师共同探讨问题、联系情感。这是其他手段所不能代替的。对方辩友所说的网络的交流是虚假的，但是对方能不承认现实中的交流也存在虚假吗？

4. 质辩环节（共7分钟）

正方三辩提问反方一、二辩各一个问题，反方辩手分别应答。每次提问时间不得超过15秒，两个问题累计回答时间为1分30秒。

课堂实录

正方三辩提问反方二辩：刚刚对方二辩所说的留守儿童希望在外打工的父母多陪伴自己、老人希望子女多回家看看，但是如果你长年在外打工，无法回家，连网络都没有，你又如何去表达你的关心，如何去维系你与家人的感情？有了网络语音、网络视频不是正可以拉近你与家人心与心的距离吗？！使人更亲近吗？！

反方三辩提问正方一、二辩各一个问题，正方辩手分别应答。每次提问时间不得超过15秒，两个问题累计回答时间为1分30秒。

课堂实录

反方三辩：在网络交流中，你会选择毫无保留地相信别人吗？

正方一辩：不会。

反方三辩：既然不会，你又如何说网络使人亲近呢？

正方一辩：那么请问对方辩友，难道在现实生活的交流中，你就能毫无保留地交流、百分之百地信任吗？

反方三辩：这个显然不能这样对比。现实的交流是建立在真实的情境上的，我能读懂你的表情、你的语气，而网络可以投入多少感情？现在网络诈骗层出不穷，网恋的成功率也只有6.7%。面对这样的情况，你还依然选择相信网络使人亲近吗？

反方三辩：你认为我们那个年代的童年生活精彩还是现在网络时代的孩子精彩？

正方二辩：我认为各有各的精彩！

反方三辩：现在的孩子一到周末和假期就窝在家里打网络游戏"王者荣耀"，失掉了与同学朋友交流游玩的乐趣和机会，你能说网络拉近了他们的距离吗？

正方二辩：能啊，就比如我们班的海涛与家宝，周末窝在家里一起玩"王者荣耀"，上学每天凑在一起，正是网络拉近了两个人的距离！不是吗？（全班大笑）

正方三辩质辩小结，用时1分30秒。

课堂实录

正方三辩：针对反方所说的网络存在虚假性，难道现实生活就没有吗？网络使人亲近还是疏远，关键是看人使用的方式。正确且恰当地使用网络不仅可以消除人的隔阂，还可增进人们的亲近感。

反方三辩质辩小结，用时1分30秒。

课堂实录

反方三辩：正方所说的网络游戏使两位同学亲近，那他们与其他同学的关系如何？疏远了还是亲近了呢？《现代汉语词典》对"亲近"的解释是"亲密而接近"，这印证了我方观点：网络使人接近但不亲近！网络确实是拉近了人们时间和空间上的距离，而在心灵上、情感上拉近了吗？……有的人在网络上可以夸夸其谈，但是在现实中面对复杂的人际关系，却显得不知所措、无所适从，不会与人自然地交流，请问网络何来使人亲近呢？……

5. 自由辩论（共8分钟）

自由辩论（仅限一、二、三辩）各4分钟。

课堂实录

正方一辩：如果像对方辩友说的，网络使人疏远，那么我们为什么要加对方为好友呢？这不就是因为网络可以使人亲近吗？如果对方辩友坚持你们的观点，请你现在就拿起你的手机删除你的QQ好友和微信好友！同时扔掉你的手机等网络产品！

反方一辩：网络如果使人亲近，那么我们是否就可抛弃现实的任何交流呢？对方所举的在灾难面前，人们在微博上表达对灾区人民的关心慰问和支持；但是令我们感动、使灾区群众感到温暖的是奔赴前线的人民解放军和志愿者，还是网络上声援的网民呢？

6. 总结陈词（共6分钟）

反方四辩总结陈词，用时3分钟。

课堂实录

　　反方四辩：老师、同学们，大家下午好！我要再次证明我方的观点：网络使人疏远。第一，亲近是一种从心理上产生的信任，而网络上更多的是拉近人们在时间和空间上的距离。马克思在其不平衡学中提到，通信的进步并不必然导致人类情感的接近。时间和空间上的接近并不能代表人类心灵、情感上能更接近。网络的虚拟性、模拟性和不确定性导致了人与人之间的不信任，导致了人更疏远，网络诈骗案的频发正是网络使人疏远的直接证明。第二，网络充其量只是一个工具。恩格斯的人际关系学告诉我们，人与人之间要亲密交往，取决于人的感情，而非媒介网络。最后，希望大家放下手机，多抽出时间陪陪家人和同学。网络给我们带来快捷和方便的同时，也疏远了我们，谢谢！

　　正方四辩总结陈词，用时3分钟。

课堂实录

　　正方四辩：老师、同学们，大家下午好！我也要再次证明我方的观点——网络使人亲近是正确的！当今社会，网络作为一种工具被人们广泛使用，网络的出现，使人们除了面对面交流这种方式外，还多了一种沟通渠道。但是任何事物都有两面性，我方并不否认网络存在的弊端，但是并不像对方所说的网络存在弊端就会使人疏远。我们使用网络与人交往，并不阻碍我们在现实生活中与人交往；相反，我们可以更丰富的形式、更频繁地，与更多的人交往。正如飞机可能会出事故，但是我们能说飞机不能使人到达目的地吗？之所以会出现对方辩友所说存在沉迷网络和网络虚假性这些弊端，主要是人使用网络的方式不当。网络是交流的工具，因此人与人的疏远不在于网络，而在于人心。只要我们正确使用网络，一定会使人与人更亲近。综上所述，我方坚信，网络使人亲近，谢谢！

　　主持人：感谢正反双方给我们带来的精彩辩论。现在请同学们把你手中宝贵的一票投给你认为正确的一方并选出双方的最佳辩手。在统计结果出来之前，我们先有请学生评委和老师点评。

7. 评委点评+投票决胜负（约9分钟）

课堂实录

学生评委甲：两队旗鼓相当，基本都克服了怯场这个问题。正方一辩表现自然，也很投入；三辩声音很洪亮。反方三辩动作很到位，表情很丰富。

学生评委乙：这次表现都很不错，真是针尖对麦芒。正方一辩临场应变能力很强；正方三辩立场很坚定，论点和论据很清晰、很有力。反方四位辩手也是各具特色。

教师点评：看得出来，同学们对这次主题班会辩论赛做了充分的准备，今天的辩论十分精彩。同学们积极认真的态度很值得大家学习。在辩论中双方辩手的思维都非常敏捷，能够及时地抓住对方的一些漏洞，予以反驳，尽管在语言的表达上、辩论的风度和幽默上，还有一定的提升空间。正方最大的优势是团体配合比较默契，分工合作，让我看到了你们是站在一条战线上，齐头并进作战的。而反方的观点也较为明确，论点、论证、论据也都较为突出。在自由发言的过程中，观众评委也发表了他们自己独到的见解及思考。通过这场主题辩论赛，我也看到了咱们班积极向上、团结友爱的一面，大家非常有朝气、有活力、有思想！就像双方所说的，网络确实能够拉近人们时间和空间的距离，但是在情感和心灵上网络既能使人亲近，也能使人疏远，关键在于我们自己的使用方式是否恰当。正如网络特别是手机可以提高我们的学习，也可以耽误我们的学习一样，关键在于同学们如何去利用网络和手机！最后，感谢这八位辩手的精彩表现！

主持人宣布比赛结果：我宣布今天辩论赛获胜的是正方"百辩金刚队"，最佳辩手是正方一辩××同学和反方三辩××同学，恭喜获奖团队和最佳辩手！

（五）课后反思作业

请各位同学写一篇关于此次班会主题辩论赛的心得体会，从学习、生活、人际（家人、同学、朋友）等方面深入思考探讨如何更好地处理好与网络（特别是手机）的关系。

附：

赛制具体说明

1. 立论阶段

由正反双方的一辩选手来完成。要求立论的框架明确，语言通畅，逻辑清晰，能够正确地阐述己方的立场。

2. 驳立论阶段

这个阶段的发言由双方的二辩进行，旨在针对对方立论环节的发言进行回驳和补充己方立论的观点，也可以扩展本方的立论方向和巩固己方的立场。

3. 质辩环节

这个阶段是由双方的三辩来完成的，双方的三辩针对对方的观点和本方的立场设计三个问题，由一方的三辩提问对方，二辩、三辩各一个问题，要求被问方必须回答，不能闪躲，提问方的时间为每个问题不超过十五秒，回答方三个问题的回答累计时间是一分三十秒，双方的三辩交替提问，由正方开始，在质辩的环节中，要求双方的语言规范和仪态庄重，表述清晰。在质辩结束后，由双方的三辩针对对方的回答进行质辩小结，时间为一分三十秒，由正方开始。

4. 自由辩论阶段

由正反双方的一、二、三辩参加，辩论双方交替发言。双方都有四分钟的累计发言时间，在一方时间用完后，另外一方可以继续发言，直至本方的时间用完。在这个环节中，要求辩论双方的队员团结合作和整体配合。自由辩论阶段由正方开始。

5. 结辩阶段

针对对方的观点和己方的立场出发，总结本方的观点，阐述最后的立场。

让诚信成为人生的底色

梅州市梅州中学　邹锦春　张丽苑

【活动适用年级】

高中年级。

【教学形式】

趣味活动、情境设置、小组讨论。

【参加人员】

班主任及全体学生。

【活动背景】

诚信，就个人而言，是高尚的人格力量；就企业而言，是宝贵的无形资产；就社会而言，是保障有序发展的通行证；就国家而言，是立国之本！而现实生活中，包括学生群体中都存在不讲诚信的现象，尤其是高中生，正处于思想急剧变化的时期，有模糊的观察和体会，但也有很多学习方面的误区，如对考试作弊、小测交头接耳、做作业抄答案等行为习以为常。有鉴于此，希望通过这堂主题班会课，引导学生在深入了解诚信含义的基础上，真正把"诚信"作为为人处世的基本原则，崇尚诚信，远离不诚信的行为，从眼前着手，规范自己，让诚信成为自己的人生底色。

【活动目标】

（1）使学生明确"诚信"的含义，理解"诚信"对于自身发展的重要意义。

（2）使学生崇尚"诚信"，远离虚伪、欺诈，把"诚信"作为同学之间、师生之间、家庭成员之间相处的基本原则。

（3）讲述社会上有关"不诚信"现象，使学生懂得诚实守信必须从现在做起，从我做起，引导学生在日常学习生活中践行诚信，明白以诚信为生命之底色方能成就更好的人生。

【活动方法】

趣味活动、小组自由讨论、诗歌朗诵等。

【活动准备】

（1）安排几位学生讲故事，让两位朗诵较好的学生准备诗歌朗诵。

（2）准备相关资料：歌曲《诚信中国》，公益广告视频《校园诚信》《爸爸的戏法》，PPT。

【活动过程】

正式开始前播放歌曲《诚信中国》，营造气氛，揭示主题。

步骤一：传纸条活动

（1）将全班分为三个大组，每人准备好一小张白纸。老师准备好三组数据，每组十个数字，分别写在三张纸上（数据可以一样，也可以不一样）。

（2）宣布活动规则：在没传到自己之前不偷看前一组数据，拿到数据的同学必须在前一组数据上修改一个数字，然后写到自己准备好的白纸上，传给下一个同学。

（3）最后一个同学将自己修改后的数据拿到讲台上交给老师。老师展示三组的每组第一组数据与最后一组数据并对比。

课堂实录

师：通过这个活动大家有什么想法？谁愿意来谈一谈？

生1：我在改变数字的时候还特意想着改得相似一点呢，没想到结果还是差很多。

生2：每个人改一点差距竟然这么大。

师：是的，这个数据的改变非常明显，老师通过这个活动就是想让大家看看如果每个人都只是改变一点，如在待人处事中歪曲一点事实，结果其实是挺可怕的。可想而知，一个社会，如果每个人都欺骗别人一点，那我们生活的环境其实是很糟糕的。今天我们就来一起探讨一下个人诚信的重要性。

（设计意图：让学生看到每个人只是修改其中一个数字，最后结果与最初的差异却很大，从而体会到为人处事中，每个人若做出一点歪曲（或稍不讲诚信），事件是可以完全变质的。如果每个人都不讲诚信，我们生活的环境是非常糟糕的。以此思考引发对下面环节的了解和讨论。）

步骤二：讲故事

（1）同学1：讲商鞅立木取信的故事。

商鞅立木取信是战国时期发生在秦国国都的一个事件。当时商鞅变法推出新法令，生怕民众不信任，放了一根木头在城墙南门，并贴出告示说：如有人将这根木头搬到北门就赏十金。所有民众都不信。直到将赏金提升至五十金时，才有一壮士将木头搬到了北门，商鞅如约赏给了他五十金。此举取得了民众对商鞅的信心，终于商鞅公布了变法的法令。

（2）同学2：讲烽火戏诸侯的故事。

烽火戏诸侯，指西周时周幽王，为博褒姒一笑，点燃了烽火台烽火，戏弄了诸侯。褒姒看了果然哈哈大笑。幽王很高兴，因而又多次点燃烽火。后来诸侯们都不相信了，也就渐渐不来了。再后来犬戎攻破镐京，杀死了周幽王。周幽王的儿子周平王即位，开始了东周时期。

课堂实录

师：请同学们讨论其中的差别，体会其中的道理。（讨论3分钟）谁来谈一谈。

生1：这两个故事以前都听过，放在一起有点意思，老师是想说国君也要讲诚信是吧？

师：是的。

生2：国君个人的诚信关系国家的盛衰，国君也不能为所欲为。

师：是的，因为不去思考的话，我们会以为好像领导者可以随心所欲一样，其实将眼光稍微放长远一点来看就会发现，即使是地位高的人，如果没有诚信，必将失去民心，最终也不可能有什么好结果。

（设计意图：让学生通过对比讨论从而自己体悟——商鞅和周幽王一个立木取信，变法成功，国势强大；一个无信，身死国亡。可见诚信对国家兴衰存亡是多么的重要。）

步骤三：联系现在社会

（1）让学生讨论分享他们观察到的社会上的不诚信现象。

（2）展示中国武林"新四大高手"：烂皮鞋、毒胶囊、地沟油、三鹿高钙奶，简称东鞋、西毒、南地、北钙（PPT出示系列图片），让学生谈感受。

生1：真的是太可怕了，连小孩子都不放过，这样的企业太没良心了。

生2：为什么他们可以这样肆无忌惮呢，难道不怕自己的亲人朋友也用到、吃到这些有毒的东西吗？实在可恨。

生3：所以国家应该制定严酷的法律惩罚这些人，让他们付出代价。

师：如果我们买什么、吃什么都很不放心，大家想想这样的生活会怎样？

生4：那实在是太可悲了，每天都在担心中，好像没什么幸福可言。

生5：我现在都有点不敢去喝奶茶了，不知道里面加了什么没有。（大家笑）

师：对呀，如果每个企业都不讲诚信只讲利益的话，我们每天都会提心吊胆而且可能每天都在被动"服毒"呢。所以一个诚信的生存环境对每一个人、每一个家庭都是非常重要的；反过来说，一个企业如果没有诚信注定就会被大家唾弃，最终也不能长久生存。所以，企业，无信不旺！联系前两个同学讲的故事，可知国家也是如此，国家，无信不兴！

生6：对，应该让不诚信的企业无立足之地。

师：我们生活在一个共同的环境中，彼此息息相关，企业的诚信，关系千家万户，甚至关系民族兴亡！只是我们也别只顾着批评别人呀，既然息息相关，那诚信跟现在的我们有什么关系？

生7：我们是学生呀，又不会去造假害人。（大家笑）

师：对，目前是不会，以后呢？学生如果没有诚信，将来如何能诚信做人？难道一个不讲诚信的学生，长大后做了老板自然就诚信了？没有这样的道理吧。

学生沉默思考。

（设计意图：这一环节学生往往很有体会，而且容易有同仇敌忾之感，就是利用这样的情绪让他们体会有一个诚信的生存环境多么重要。然后联系上一个步骤的内容，引发下一步的思考，诚信跟我的关系是怎样的？）

步骤四：观看公益广告视频《校园诚信》《爸爸的戏法》，讨论分享体会。联系中学生校园中有哪些不诚信的行为，讨论分析

《校园诚信》选的是一个小品剧，讲的是A同学在校园里捡到一个钱包，将里面的钱及饭卡拿走，钱包随手丢进草丛。然后用饭卡请室友吃饭。没想到自己的手机不小心丢了。正心灰意冷的时候室友接到电话，捡到手机的B同学将手机送还。交流中得知B同学丢了钱包，他就是在找钱包的时候捡到了手机。A同学仔细询问后发现原来是自己捡钱包时在那里丢了手机，送还手机的B同学正是钱包的失主。A同学心生惭愧，于是努力找回被自己随手扔掉的钱包，将钱和饭卡放回后悄悄地归还。

《爸爸的戏法》是一个公益广告，讲的是一个在市场卖菜的父亲为了儿子由原来经常干短斤缺两的事变得不再欺骗顾客的故事。

📖 课堂实录

师：同学们看完后有什么体会？谁来谈谈？

生1：同学间的诚信很重要，因为诚信会让我们的校园更加美好。

生2：那个父亲很不错，顶着同行都做假的压力讲诚信，给儿子做了很好的榜样。

师：是的，我们都希望有一个诚信的生活环境，那我们换个角度来想想，针对我们自己来看看，咱们中学的校园里有哪些不诚信的行为？这些会有什么害处？

生1抢着说：抄作业，抄答案。（大家笑）

师：大家笑的原因是什么？是都有过这样的行为吗？为什么这个行为跟诚信有关？

生2：这是在欺骗老师和家长，但受害的好像是自己呀。（大家笑）

生3：社会上虽然欺骗的是别人，自己好像受益了，但从长远看自己应该还是吃亏的。

师：对，之所以会欺骗就是只看到了眼前利益。所以只有想清楚了诚信对自己的重要性，我们才能抵御住眼前利益的诱惑。比如抄作业，只有想明白了对自己的害处，才能坚持不抄对不对？还有吗？

（学生七嘴八舌讨论：考试作弊，不值日，为迟到编借口，体育课编理由请假，晚修逃课等。）

师：很好，大家找得很认真、很诚恳，这就是诚信的开始。我们校园里的诚信又有很不一样的意义，因为这些诚信对你们特别的重要，而且短期就见效。希望我们共同努力，营造一个诚信的环境，让我们在此更好地学习和成长。

（设计意图：利用贴近学生生活的视频短片，让学生体会到诚信是自己要去努力培养的一个美好品质，它不会从天上掉下来，它需要我们去努力，而这不仅是社会需要，更是个人需要。）

步骤五：诗歌朗诵

大家齐声朗诵诗歌《我们呼唤诚信》（略）。

自信伴我青春飞扬

梅州市梅州中学　黄津蕾

【活动适用年级】

初一年级。

【教学形式】

讲授、小组讨论、体验式活动与表演相结合。

【参加人员】

班主任及全体学生。

【活动背景】

对于初一新生来说，中学的一切都是新的：新的学校、新的老师、新的同学、新的挑战……不少同学不太适应初中的学习生活，不善表现自我，与老师有距离感，不敢表达不同的声音。学生上了初一，课程增加，学习压力明显增大，一部分学习成绩差的学生自卑心理比较严重，常常觉得学习成绩差、什么都差，不能很好地认识自己的价值和优势。这说明学生在挑战面前，心理承受能力较差，缺乏积极的自我认同感。希望通过这次主题班会活动，学生能够认识自我，悦纳自我，建立自信心，以健康的心态面对人生，迎接挑战。

【活动目标】

（1）让学生了解自信对人的重要作用。

（2）让学生看到自身优点，肯定自我，增强自信。

（3）让学生掌握建立自信的方法。

（4）学生通过活动，认识自我，悦纳自我，建立自信心，以健康心态面对人生，迎接挑战。

【活动方式】

讲授、小组讨论、体验式活动与表演相结合。

【活动准备】

（1）心理小测试题。

（2）多媒体课件。

（3）让7名同学排练小品：《报名》。

（4）让每位同学写一篇文章"谈自信"，老师从中了解班上哪些同学缺乏自信及其表现，以及他们对自信的认识。

（5）让学生留心观察其他同学的长处，以欣赏的角度看待周围事物，多挖掘闪光点。

【活动过程】

步骤一：引入活动

做一个心理小测试，引入"自信"主题。

课堂实录

师：老师知道，不少同学喜欢做心理测试，这节课我们首先来做一个心理小测试，好不好？

出示心理测试题。

1. 当老师在班里提出某一问题讨论时，你会采取哪一种态度？（　）。

A. 马上举手，表达自己的意见

B. 除非老师叫我起来回答，否则保持沉默

C. 等到大家发言后，再发表自己的意见

2. 如果老师对你进行了不恰当的批评，你会怎么办？（　）。

A. 马上全力为自己辩护，并显得情绪激动

B. 冷静、理智地表明自己的看法

C. 不出声也不争辩，但记在心里

3. 全校举行演讲比赛，老师和同学推荐你去，你将如何对待？（　）。

A. 以种种借口推脱，坚决不去

B. 同意去，但演讲什么的要老师和同学一起出主意

C. 不马上答应，等考虑好后再做答复

4. 当你的好友在同学面前提出你认为不好的要求，如借作业本抄，你会怎么办？（　）。

A. 表面答应，但过一会儿找借口不借给他

B. 给他讲抄作业的坏处，帮他弄懂难点，让他自己完成

C. 听听其他同学的意见，再决定是否借给他

5. 当你去参加学生会举行的座谈会时，你首先应做的是？（　　）。

A. 找认识的同学，坐在一起交谈

B. 与旁边不认识的同学相互认识，并进行交谈

C. 一个人坐在那里不发言，看其他同学讨论

6. 如果你被同学们选为班长，你会怎么办？（　　）。

A. 勇敢地接受，并负责任地把班级工作做好

B. 同意试试，但随时准备退出

C. 要求同学们支持、配合你的工作

7. 如果老师要求你做一件关系你声誉的工作时，你该怎么办？（　　）。

A. 请老师讲一讲做好这一工作的关键是什么

B. 明确表示做好这一工作的要求

C. 勉强接受，但也可能就此打退堂鼓

8. 如果老师讲课时有个地方讲错了，你怎么办？（　　）。

A. 巧妙地向老师提出问题，指出讲错的地方

B. 借回答问题来纠正老师讲课中的差错

C. 下课后再向老师指出

9. 如果让你当班长，在选班委时，你将选择哪一种人？（　　）。

A. 学习很好，但有些只顾自己

B. 有小缺点，但乐意为集体服务

C. 学习好，但大事做不来，小事尚能做的人

10. 如果你来当老师，你将如何对待学生？（　　）。

A. 想同学所想，通情达理

B. 模仿老师的做法

C. 有些照老师的做法，有些根据自己的体验来做

评分标准见表1：

表1　评分标准

题序	A/分	B/分	C/分
1	5	0	1
2	1	5	0
3	0	5	1

题序	A/分	B/分	C/分
4	0	5	1
5	1	5	0
6	5	0	1
7	1	5	0
8	5	1	0
9	0	5	1
10	5	0	1

评价：

（1）40～50分：你是一个很有自信的人。你敢于自告奋勇地做事，但必须小心，讲究工作技巧。

（2）28～39分：你有较强的自信心，并在多数情况下能应付自如，但在勇往直前时，要保持谨慎。

（3）11～27分：你办事缩手缩脚，总怕出差错，你应设法肯定自我，增强信心。

（4）0～10分：你给人的印象似乎不存在似的，应努力改变这种情况，须知自信是成功的一半。

师：请得分40分以上的同学举手，再请得分28～39分的同学举手。举手的这些同学是比较有自信的同学，还有一部分同学不够自信。

（设计意图：激发学生的兴趣，起到良好的热身效果，引入"自信"主题。）

过渡语：同学们可知道自信的表现？请欣赏小品演员们的精彩献艺——《报名》，看能带给你什么启发？

步骤二：表演小品《报名》

📖 **课堂实录**

报 名

（人物：老师、生a、生b、生c、生d、生e、报幕员）

（场景一：语文课即将下课）

师：各位同学，下个星期我校将举办"我自信，我成功"的演讲比赛，希望有这方面能力的同学积极报名。（台下交头接耳。）

（下课铃声响了，老师走出教室。）

生a：喂！（拉生b的手）我们到老师那儿报个名吧。初中最后一年了，怎么也要展示一下啊，不然也只有当"校草"的份儿了。

生b：啊呀！我可不去！上次English teacher要我去参加什么背诵比赛，差点没把我吓死。我可不想再去丢脸了，你自己去"闯关东"吧。（转身离开。）

生a：（大声地）唉！谁去老师那儿报名？

生c：（迫不及待）我去我去。

生d：（生a话刚完）我也想去。

生c：（不屑一顾地望着d）就你那水平也敢去报名？你一个开场白就能让大家统统晕倒了，歇着吧你。

生e：（自言自语，长叹一声）唉！上了初中一下子多了那么多科目，我都快崩溃了，我要是孙悟空就好了，现在哪有时间啊，我得赶紧做作业。（继续埋头做作业）

（场景二：生a、生c、生d一起走向老师办公室。）

生c：（往里探了探头，畏畏缩缩地）我还是不去了。（突然一转身）数学老师让我去订正作业，赶紧去！（一溜烟跑了。）

生a、生d对视（摇头、惊讶又疑惑。）

（生a大步流星地跨进办公室，来到老师面前。老师正在批改作业。）

生a：老师，我想参加这次演讲比赛，报个名行吗？

老师：（抬头，微笑）噢，小a啊，当然可以。那你说说自己的想法。

生a：想试一试，学习固然重要，但有这样一次经历也挺有意义的。

老师：唔，你的想法不错，锻炼一下也好。那你就去准备吧，先把稿子写好，然后拿来我帮你改一下。

生a：（兴高采烈，又蹦又跳）好嘞！得令！

（生a跑出办公室，看到生d站在门外不停地抓头。）

生a：（推着生d）进去吧，这儿又不是虎穴，怕什么？

（生d慢吞吞地进了办公室，走到老师跟前。）

老师：（惊讶）你想参加？

生d：老师，您知道我演讲这方面不行，但我很想试试。

老师：（拍拍生d的肩头，喜悦地）好啊！好啊！那你说说你的打算。

生d：（迟疑地）打算？我还没想呢。

老师：哦，那也没关系，只要你想参加，首先就得做好准备。你去问小a吧，请他帮助你。

生d：（半信半疑地）老师，您答应了吗？

老师：（充满鼓励地）老师答应了！你去好好准备一下，相信你一定能成功！

生d：（高兴地，坚定地）嗯！我一定会尽力的。老师，那我走了，再见。

（场景三：赛场舞台，报幕员走到台上）

报幕员：请获得一等奖的a同学和获得二等奖的d同学发表获奖感言，大家掌声欢迎！

（生a和生d在热烈的掌声中走上舞台。）

生a：我以前参加过演讲比赛，从中总结了一些经验，对于这次演讲比赛，我信心满满。赛前我做了充分的准备，在此我要感谢老师对我的指导。比赛过程中，我觉得心态很重要，这次我发挥得不错，以后我会继续努力。

生d：在座的许多同学都知道，我的嗓音不好，口才又差，几乎不具备演讲的能力，但我还是相信自己，愿意挑战自己。在我几乎要放弃的时候，是老师和同学给予我极大的鼓励，让我重拾自信，在此我衷心地感谢他们。（弯腰、低头表达谢意）但是我还是要告诉同学们，最应该感谢的还是自己，相信自己，就一定会取得成功！（掌声不息）

（同学们表演小品《报名》，精彩表演赢得阵阵掌声。）

师：看了他们精彩的表演，谁是自信者呢？谁有点自卑？（同学们作答）取得成功的其中一个重要因素是什么？（自信）

（设计意图：学生在欣赏小品的过程中，感知到自信是取得成功的重要因素之一。而对于参加小品演出的学生而言，这次主题班会为他们提供了表现自我的舞台，他们在排演小品的过程中学到很多，提升了自信。）

步骤三：展示名人事例，明确自信的重要性

课堂实录

1. 明确概念

自信是一个人对自身力量的确信，深信自己一定能做成某件事，实现所追求的目标，是一种健康的心理表现。

2. 马云事例

有这样一个人：高中考大学考了三次，其中第一次高考，数学只考了1分。在他第三次参加高考前，他的老师说："你要是考上的话，我的名字倒过来写。"他在大学时定了三个目标。第一个目标，必须从专科变成本科；第二个目标，大学四年，必须要当学生会主席；第三个目标，必须把学校里最美的姑娘娶回家。他有和拿破仑一样的身材，有和外星人一样的脸庞，微笑时还会露出孩童般的虎牙，如同一个"老顽童"的模样。在那张似乎营养不良的小脸后面，却有着数不清的智慧。他是谁？他就是马云——中国电子商务网站的开拓者，阿里巴巴网站创始人。2017年7月17日，《福布斯富豪榜》发布，马云以354亿美元身家成为华人首富。马云的成功背后更多的是自信和对梦想的执着追求。

3. 小结：自信的重要性

自信是通往成功的第一步。自信使人具有战胜挫折的勇气，自信使人拥有克服困难的毅力，自信使人发挥自己的潜能，自信使人创造奇迹……

（设计意图：明确"自信"的概念，以名人事例激励学生，让学生进一步懂得自信的重要。）

步骤四：小组讨论、体验式活动，学习建立自信的方法

📖 **课堂实录**

1. 善于发现自己的优点，学会积极地自我暗示

过渡语：然而，自卑的人往往看不到自己的优点，所以要克服自卑、建立自信首先要清楚自己身上有些什么优点、能力和特长。

体验活动一：填写优点清单

每人写下自己的10条优点。时间为3分钟。

内容：A.外貌；B.行为（学习、生活各方面）；C.性格；D.特长；E.能力；F.人际关系。

例如，我很阳光、我热爱生活、我乐于助人、我很有毅力、我好学、我的书法很好、我很沉着……

（1）请同学说说自己的优点。

师：当我们知道自己有这么多优点，知道自己某些方面比别人强时，信心自然会增强。如发现自己有过人之处，就应制订计划发展这一特长。

（2）全班同学自由地、响亮地念出自己的优点。（多念几遍）

师：老师发现同学们念优点越念声越大，越念越有力量！为什么？这就是心理学上非常重要的一个原理——自我实现的预言。这个原理说的是：你想成为什么样的人，你就会自觉不自觉地去证明自己就是这样的人。你认为你是很有力量的人，你就会很有力量；反过来，你认为你是一个容易失败，被别人抛弃的人，你就会找很多的理由证明你是一个失败者。所以，我们要善于发现自己的优点，学会积极地自我暗示。

（设计意图：引导学生认识自己的价值和优势，学会积极地自我暗示。）

2. 感受别人的欣赏

过渡语：每个人都是生活在群体中的，别人对我们的赞扬和欣赏对我们的信心有何影响呢？先通过一个活动让大家感受一下。

体验活动二：优点轰炸

找一个较为自卑的同学作为"被轰炸者"站在同学们中间，先由同组成员轮流说出其优点和长处，再请班上其他同学也补充说出他的优点。

（原本较自卑、拘谨的林同学，被大家轮流"轰炸"优点，不禁露出开心自信的笑容。）

（1）问该同学："刚才他们指出你的优点和长处有哪些是你原来不知道的？"

"通过这个活动你认为别人的赞赏对你的信心有何影响？"

答："别人对我的赞赏能增强我的信心，并使我更进一步认识自己的优点和能力。"

所以建立自信的第二个方法是欣然接受别人的赞赏，并进一步认识自己的能力。从这个活动可总结出一个结论：

别人肯定性的评价能增强自信。（板书）

别人否定性的评价会削弱自信。（板书）

（2）问："根据这个结论，我们要帮助朋友建立自信，应注意什么？"

小组讨论后答："尽量帮助朋友找出他身上存在的优点和长处，并真诚、大方地给予赞扬，不要随便地批评、责骂和嘲讽别人。"

教师小结：人的能力、优点不是天生就有的，别人对我们的赞扬和肯定也不是随便就可以得到的。因此，要建立自信，一定要努力发展、提高自己的优点和能力，并从尽力做好每一件力所能及的事情开始锻炼、培养。

（设计意图：心理暗示的延续，强化被人肯定的感觉，同时学习如何帮助朋友建立自信。）

（3）多品尝成功的滋味。

师：人遇到挫败，信心自然会有所削弱；遇到成功，信心自然会增加。如果使自己经常品尝成功的滋味，自然会增强自信。

窍门：

① 多做自己拿手、容易取得成功的事。

例如，有的同学学习成绩不理想，想提高学习成绩的话，不要期望一下子全面提高，可以先攻自己最感兴趣、最容易提高的科目，一科成绩有了提高，信心随之增强，然后再攻第二科。

② 把目标分为若干阶段的小目标，每经过一定努力，小目标达到了，成功的体验就产生了，这成功体验又继续激励自己向下一个目标行进。

过渡语：最后介绍一个方法，也是建立自信的最根本的方法——充实自我，提高自身素质。

（4）充实自我，提高自身素质。

① 师：自信是不能凭空产生的，必须有知识面广，分析、解决问题能力较强这些良好素质作为基础才会有真正的自信。如果知识浅薄却自我感觉很好便是自负，我们既不做自卑者，也不能做自负者。

② 讨论：作为中学生要打好自信的基础应如何做呢？

（同学们讨论得十分热烈。）

教师可多请几个较为自信的同学回答，然后归纳学生答案：作为中学生关键是打好扎实的知识基础，扩展课外知识面，锻炼和发展各种能力，掌握基本的技能，总而言之要使自己各方面本领都过硬才能成为一个真正自信的人。

（设计意图：教给学生获得自信的根本方法——自信不是凭空产生的，自信来源于实力，即成功的体验；而要获得更多的成功体验则须提高自身素质。）

步骤五：课堂总结

📖 课堂实录

（1）教师总结：今天班会课的目的就是给大家鼓劲、加油，让同学们满怀信心地迈入初中阶段。这节课，我们学会了建立自信的方法：①善于发现自己的优点，学会积极地自我暗示；②感受别人的欣赏；③多品尝成功的滋味；

④充实自我，提高自身素质。

师：每个人身上总会存在优点，存在某些过人之处，如果你懂得保持自信，树立适当的目标，付出真正的努力，满怀信心地向目标一步步行进，成功将会属于你！

（2）朗读《自信，伴我青春飞扬》。

男生：自信，是人们成就伟业的先导。

女生：自信，是对自己能力的充分估量。

男生：自信，是对自我实力的高度认可。

女生：自信，是一种来自心底的无形力量。

男生：有了自信，我们就没有跨不过的难关。

女生：有了自信，我们就没有越不过的沟坎。

男生：人生路上，有平坦，也有坎坷。

女生：成长途中，有欢乐，也有忧愁。

全班：拥有自信，我们将赢得胜利。

拥有自信，我们将创造奇迹。

拥有自信，我们将超越极限。

拥有自信，我们将超越自我。

自信，伴我青春飞扬！

（3）全班齐唱歌曲《相信自己》，在歌声中结束本次主题班会课。

第七章

安全教育

7

珍爱生命　安全出行

梅州市梅州中学　范晓利

【活动适用年级】

初二年级。

【教学形式】

视频学习、小组讨论、表演小品。

【参加人员】

班主任、全体学生。

【活动背景】

道路交通安全是我们做好学校各项工作的基础和保证，也是学校教育的首要任务之一，必须常抓不懈，落到实处。每年道路上发生的车祸成为夺取学生生命的最大威胁，学生的安全防范意识及道路交通安全知识的教育和普及显得尤为重要。

【活动目标】

（1）通过逼真的画面、真实的数据使学生了解生命的可贵。

（2）学习交通规则，掌握有关的交通安全知识，增强安全意识，养成自觉遵守交通规则的好习惯。

（3）加强对学生法制与交通安全的教育与管理，使学生增加法制观念，做到知法、守法，安全出行。

【活动方法】

学习视频、小组讨论、表演小品等。

【活动准备】

（1）在黑板上书写"珍爱生命　安全出行"八个美术字。

（2）确定男、女主持各一人。

（3）确定5位学生排练小品《过马路》。

（4）学生在班会课前自学《中华人民共和国道路交通安全法》部分内容。

（5）准备好相关视频及课件。

【活动过程】

步骤一：引入活动

课堂实录

主持人（男）：这个世界上最美好和宝贵的就是人的生命！安全是一个人生命存在的有力保障，拥有安全才能拥有生命。每一个清晨、每一个夜晚，你的亲人都期盼着你能高高兴兴上学，平平安安归来。然而我们常常在电视和报纸上看到有关报道，一些人因为忽视交通安全酿成了一个个悲剧。据统计，2016年梅州学生交通事故受伤人数为189人，2016年梅州学生交通事故死亡人数为21人。我们的生命往往就是因为一些不经意的交通违法行为而黯然消逝的。

主持人（女）：交通事故离我们并不遥远，它也常常发生在我们身边。现在请同学们讲一讲自己亲身经历过或亲人朋友遭遇过的交通事故。（学生讲述发生在我们身边的交通故事）

（设计意图：通过统计的数据及学生讲述身边发生的交通故事引导学生对交通事故造成的伤害有较深的认识。）

步骤二：探讨交通事故形成的原因

课堂实录

主持人（男）：谈起交通事故，大家无不感到形势的严峻，谈起交通事故造成的人员伤亡，无不感到唏嘘。交通安全牵动着在座同学们的心。现在请同学们思考并讨论交通事故是由什么原因造成的？（同学们讨论及回答）

主持人（女）：我们身边就有很多违反交通规则的现象，请同学们观看学生交通违法乱象视频。（观看视频：①翻栏杆；②骑自行车在机动车道内逆行；③边骑摩托车边打电话；④骑自行车时横穿斑马线不下来推行；⑤在道路上使用滑行工具；⑥下雨天一手撑伞骑自行车；⑦随意横过马路；⑧不按交通信号通行）

主持人（男）：同学们，我们每天都要上学放学。我们身边的同学也有

很多不文明的出行行为，请观看我们学校学生在校门口随意横过马路的视频（梅州中学学生随意过马路，险象环生）。

（设计意图：让学生认识交通安全隐患存在的必要性，树立自我安全意识，增强自我保护能力。）

步骤三：观看交通事故血案视频

课堂实录

主持人（女）：当你骑着车在马路上追逐，当你与伙伴在马路上玩耍时，你是否想过危险就在身边；当你不顾一切乱穿马路、闯红灯的时候，你可想到这时的死神正在向你招手……你知不知道这些会带来什么？伤残，死亡；痛苦，悲剧……生命是珍贵的，却也是脆弱的。在中小学生的伤亡事故中，车祸原因占第一位。这其中固然有驾驶员违章造成的因素。但其中也不乏学生不遵守交通规则而引发的悲剧。请看下面几起由学生无证驾车引发的血案：

案例1：（德龙桥案件）两名初中学生骑乘一辆摩托车上学经过德龙大桥时，因避让不及，与一辆直行小车发生碰撞，摩托车上的女生跌落路面卷入车底致碾压重伤入院抢救无效后死亡。

案例2：（长沙镇学生无证驾驶一死一伤案件）2014年4月11日23时40分，陈某（男，13岁）驾驶无号牌两轮摩托车乘载邓某（男，14岁）由梅江区长沙镇大密村经206国道往小密村方向行驶，行至梅江区长沙镇邮电局门前路段时，与钟某停放在路边的赣F12××号重型厢式货车发生碰撞，造成陈某受伤送医院抢救无效死亡和邓某受伤及两车损坏的交通事故。

案例3：（平远16岁少年无证驾驶案件）2013年10月26日13时50分许，肖某（男，16岁）驾驶着前边搭载黄某云（女，15岁）、后座搭载张某英（女，14岁）的无牌号黑色女式轻便两轮摩托车从平远县某中学往县城烈士亭方向一路狂飙。而且一路上还左右摇摆走着S型的路线前行。14时01分，当其行驶至平远县大柘镇平城中路县一小门口路段时，由于车速太快撞向行人韩某香（男，67岁）致韩某香当场昏迷不醒，经送医院抢救无效死亡。肖某受轻伤，其摩托车部分受损。事故发生后，肖某因害怕迅速逃离了现场。

（设计意图：血淋淋的画面对学生的视觉产生冲击，培养了文明交通意识。）

步骤四：交通知识学习

📖 **课堂实录**

主持人（男）：刚才血淋淋的画面让人不能直视，画面太惨烈了，教训是多么的惨痛，我们一定要懂得交通安全重于泰山，让更多人了解、学习、遵守并运用交通法规已是刻不容缓。接下来，我们来学习交通小知识。（屏幕投影）学习交通小知识：

（1）行人应当在人行道内行走，没有人行道的靠路边行走。

（2）行人通过路口或者横过道路时，应当走人行横道或者过街设施。通过有交通信号灯的人行横道，应当按照交通信号灯指示通行；通过没有交通信号灯、人行横道的路口，或者在没有过街设施的路段横过道路，应当在确认安全后通过。

（3）行人不得跨越、倚坐道路上的隔离设施，不得扒车、强行拦车或实施妨碍道路交通安全的其他行为。

（4）驾驶非机动车在道路上行驶应当遵守有关交通安全的规定。非机动车应当在非机动车道内行驶；在没有非机动车道的道路上，应当靠车行道的右侧行驶。

（5）驾驶机动车行驶时，驾驶人、乘坐人员应当按规定使用安全带，摩托车驾驶人及乘坐人员应当按规定戴安全头盔。

（6）乘坐公共汽车或旅游车时，不得在车上嬉戏喧闹或做出影响司机驾驶的行为。

（7）坐在汽车靠近窗边位置的，不得将身体任何部分露出或伸出车外，避免会车时或被车外物刷碰。

（设计意图：让学生通过道路交通安全常识学习，告别过去不良的交通行为。）

步骤五：小品《过马路》

📖 **课堂实录**

主持人（女）：接下来我们来观看同学表演的小品——《过马路》，让我们看看同学们过马路的行为是否规范。5位同学表演小品《过马路》，其他同学观看表演后对小品中同学过马路的行为是否规范进行评价。

（设计意图：观赏小品，把交通安全牢记在心中，落实在行动。）

步骤六：结束语

师：同学们，生命是美好的，生活是多姿多彩的，而要拥有这一切的前提是安全。通过这节课的学习，相信同学们一定能认识到交通事故的危害性，我们也学习了部分交通安全知识，希望大家在平时的生活中都能遵守交通规则，减少交通违章，杜绝交通事故。

安全时刻记心间

梅州市梅州中学　潘光宇

【活动适合年级】

初中。

【教学形式】

教师讲解、小组讨论。

【参加人员】

班主任、全体学生。

【活动背景】

当前，有一部分中学生缺乏正确的安全防范意识，他们中甚至有人被夺去生命。因此，对中学生加强安全防范意识教育，培养正确的安全防范心理非常重要。

【活动目标】

（1）进一步加强学生公共安全教育，培养学生公共安全意识，提高中学生面临突发事件自救自护能力。加强安全防范意识教育，培养学生正确的安全防范心理，最大限度预防安全事故发生和减少安全事件对中学生造成的伤害。

（2）让学生了解生活中和在校期间可能出现的安全隐患。

（3）让学生掌握紧急情况下的逃生策略。

【活动方法】

讲授法、讨论法、观看法。

【活动准备】

收集视频课件、案例材料。

【活动过程】

步骤一：引入活动

展示相关资料：我国中小学生每年的非正常死亡（因安全事故、食物中毒、溺水、自杀等）人数都在1万人以上。国家儿童少年"安康计划"公布的数字显示，2015年，我国中小学生非正常死亡的人数达到1.8万人，平均每天有近50人丧生，相当于每天有一个班在消失。

（设计意图：引导学生进入情境，意识到安全问题无小事。）

步骤二：杜绝欺凌

1. 展示材料

据《报刊文摘》报道：四川某学校的低年级学生张某，从入校起就常受到高年级男生的敲诈，他自己不敢花零用钱，省下的零用钱都"奉献"给了那位"大哥哥"。有一天，该学生被逼急后，偷了同班同学的随身听，被老师查出后，才说出了偷窃的原因。此案令人震惊。

2. 学生讨论

如果遇到这种情况怎么办？

3. 老师总结

采取的应对措施：教师建议：

①不能有惧怕的心理，尽量说一些好话，说明自己没有带钱，避免发生冲突；②如果他们不吃这一套，就跟他们说去教室取钱，马上趁机跑掉报告给你的老师，并描述他们的特征、长相，如衣服颜色、高矮、胖瘦，这样才能找到他们，让他们接受教育；③如果不行，拖延时间，看到别的大人或老师路过的时候大喊"救命"。因为你如果给他们钱，下一次他们还会勒索你；④如果当时地理位置偏僻，对方人多无法脱身，可以先给他们钱。但是事后一定要告诉老师，以后避免一个人去偏僻的地方；⑤放学回家后，把在学校里发生的事情向爸爸妈妈汇报，让父母协助解决。

（设计意图：树立起学生正确的安全防范意识，加强安全防范意识教育，培养正确的安全防范方法。）

步骤三：地震避险

1. 讨论

在校发生地震，怎么办？

2. 老师小结

（1）三十六计，走为上计，冲出教室逃到平坦开阔的地方，千万不要在意财产。

（2）来不及逃跑的话，躲在桌子下方。

（3）求生意识、坚强意志是支撑你活下去的希望。

（4）若在逃生的途中被推倒在地，失去平衡，要设法靠近墙壁，身体蜷成球状，面向墙壁，双手紧扣置于颈后，这样手指、背部和双腿可能受伤，但保护了最脆弱的部位。

3. 巩固练习：抢答题

1. 地震来了要保持清醒，头脑冷静，就地避震，不可贸然外逃，不可选择到以下地方躲避：（ ）

A. 阳台　　　　　　　　　　　B. 桌子底下

C. 小开间、卫生间　　　　　　D. 墙角

2. 在学校上课遇到地震时，要迅速抱头、闭眼、躲在各自的（ ）。

A. 窗口旁　　　　　　　　　　B. 课桌下

C. 楼道里　　　　　　　　　　D. 无所谓，哪儿都行

3. 震后被埋压时，如何求生？（ ）

A. 不停地呼救　　　　　　　　B. 不顾一切地行动

C. 精神崩溃、惊慌失措　　　　D. 保存体力，寻找脱险捷径

4. 当地震发生时你在上课，应如何避震？（ ）

A. 向室外跑

B. 听老师指挥暂时躲在自己的课桌下，等地震震后迅速撤到大操场上

C. 涌向楼梯

5. 当地震发生时你在家里（楼上），应如何避震？（ ）

A. 躲在桌子等坚固的家具下面，墙角、小开间旁

B. 夺路而跑

C. 跳窗、跳楼

（设计意图：教会孩子们地震来时正确的应对方法。）

步骤四：交通安全

1. 展示图片

我国每年因各类事故死亡人数约10万人，道路交通事故死亡人数占60％以

上。我国的交通事故死亡人数位居世界首位，平均每天有280多人死于车祸。其中中小学生占总人数的８％左右。这个数字向人们敲响警钟。追根溯源，安全意识淡薄，麻痹大意，违章违纪是造成交通事故的根本原因。

2. 讨论

如何避免交通意外

3. 老师小结

行人必须遵守下列规定：

（1）必须在人行道内行走，没有人行道的，须靠右边行走。

（2）通过有交通信号控制的人行横道，必须遵守信号的规定；通过没有交通信号控制的人行横道，须注意车辆，不准追逐猛跑。

（3）不准穿越、倚坐道路间护栏。

（设计意图：提醒学生们注意交通安全，避免发生交通意外。）

步骤五：校园安全

（1）展示图片，学生齐读：

校园安全得注意，上楼下楼有秩序；楼道安全最重要，靠右行走不要跑；遇上拥挤停三分，主动谦让路畅通。

（2）展示图片：不要在教室追逐玩耍，因为教室活动空间狭小、安全隐患多；也不要趴窗户或从窗户往下扔东西，高空抛物很危险。

（3）展示图片：进出教室要有序、不要推挤。有序进出，顺利又迅速；推挤容易产生意外，出入也不顺畅。

（4）展示图片：在走廊奔跑、追逐玩耍容易发生意外。

（5）展示图片：上体育课或进行室外活动时，应正确使用运动器材，注意听从老师指挥，不带和运动无关的东西。

（设计意图：提醒学生注意校园安全，注意一些细节问题。）

师总结：在漫长的人生路上，总会有许多难以预料的事情。"防险之心不可无。"我们是否知道注意安全、自救险情的重要性？恶魔总是来找无知的人。今天，通过班会我们将为我们的生命买一份保险，为我们的生命加一把锁。安全无小事，时刻记心间。衷心祝福大家平安、快乐、健康成长！

交通安全记心间

梅州市梅州中学　罗雪娇

【活动适用年级】

初中一、二年级。

【教学形式】

个体参与、自主体验。

【参加人员】

两个班的学生、2名班主任。

【活动背景】

交通事故时有发生，交通事故猛于虎，培养学生良好的交通意识，遵守交通规则，势在必行。

【活动目标】

让学生通过本次活动，接受一次生动活泼的交通安全教育，在丰富多彩的活动中学习交通规则，懂得重视交通安全，遵守交通规则的重要性。

【活动方法】

演讲、知识竞答、小品表演。

【活动准备】

（1）确定本次活动的形式及内容；确定男、女主持各一人。

（2）歌曲《我们的家》，准备25道测试道路交通规则的题目，制作道路交通标志卡片。

（3）准备好快板《中学生交通安全自救自护常识》的表演人选；编排小品《人民的好警察》，并落实小品表演的人选，落实检查员人选。

【活动过程】

步骤一：引入活动

（1）展示交通事故数据。

（2）学生快板表演：《中学生交通安全自救自护常识》，要求学生认真听和记。

 课堂实录

1. 行走时怎样注意交通安全？

女生：

（1）在道路上行走，要走人行道；没有人行道的道路，要靠路边行走。

（2）集体外出时，最好有组织、有秩序地列队行走；结伴外出时，不要相互追逐、打闹、嬉戏；行走时要专心，注意周围情况，不要东张西望、边走边看书报或做其他事情。

（3）在没有交通民警指挥的路段，要学会避让机动车辆，不与机动车辆争道抢行。

（4）遇到交通事故，可打122电话向警察求助。

2. 横穿马路应该注意什么？

男生：

（1）穿越马路，要听从交通民警的指挥；要遵守交通规则，做到"绿灯行，红灯停"。

（2）穿越马路，要走人行横道；在有过街天桥和地下通道的路段，应自觉走过街天桥和地下通道。

（3）穿越马路时，要走直线，不可迂回穿行；在没有人行横道的路段，应先看左边，再看右边，在确认没有机动车通过时才可以穿越马路。

（4）不要翻越道路中央的安全护栏和隔离墩。

（5）不要突然横穿马路，特别是马路对面有熟人、朋友呼唤，或者自己要乘坐的公共汽车已经进站时，千万不能贸然行事，以免发生意外。

3. 骑自行车要注意哪些安全事项？

女生：

（1）要经常检修自行车，保持车况完好。车闸、车铃灵敏、正常，尤其重要。

（2）自行车的车型大小要合适，不要骑儿童玩具车上街，也不要人小骑大型车。

（3）不要在马路上学骑自行车。

（4）骑自行车要在非机动车道上靠右边行驶，不逆行；转弯时不抢行猛拐，要提前减慢速度，看清四周情况，以明确的手势示意后再转弯。

（5）经过交叉路口，要减速慢行、注意来往的行人、车辆；不闯红灯，遇到红灯要停车等候，待绿灯亮了再继续前行。

（6）骑车时不要双手撒把，不多人并骑，不互相攀扶，不互相追逐、打闹。

（7）骑车时不攀扶机动车辆，不载过重的东西，不骑车带人，不在骑车时戴耳机听广播。

（8）学习、掌握基本的交通规则知识。

4. 在雨天骑自行车怎样注意安全？

男生：

（1）骑车途中遇雨，不要为了免遭雨淋而埋头猛骑。

（2）雨天骑车，最好穿雨衣、雨披，不要一手持伞，一手扶把骑行。

（3）道路泥泞湿滑，骑车要精力更加集中，随时准备应付突发情况，骑行的速度要比正常天气时慢些才好。

5. 乘船时要注意哪些安全事项？

女生：

（1）为了保证航运安全，凡符合安全要求的船只，有关管理部门都发有安全合格证书。外出旅行，不要乘坐无证船只。

（2）不乘坐超载的船只，这样的船安全没有保证。

（3）上下船要按次序排队，不得拥挤、争抢，以免造成挤伤、落水等事故。

（4）天气恶劣时，如遇大风、大浪、浓雾等，应尽量避免乘船。

（5）不在船头、甲板等地打闹、追逐，以防落水。不拥挤在船的一侧，以防船体倾斜，发生事故。

（6）船上的许多设备都与保证安全有关，不要乱动，以免影响正常航行。

（7）夜间航行，不要用手电筒向水面、岸边乱照，以免引起误会或使驾驶员产生错觉而发生危险。

（8）一旦发生意外，要保持镇静，听从有关人员指挥。

（设计意图：介绍道路交通安全是一个社会问题，通过介绍一系列的交通安全伤亡事故的例子，引起学生的重视和思考。快板表演生动地告知同学《中学生交通安全自救自护常识》。同时要求学生做好笔记，为下一环节的快速抢答打下基础。）

步骤二：安全知识对对碰

（1）快速抢答：25道交通规则方面的题目，每组派一名同学上台来参加快速抢答，基础分为100分，答对一题10分，主持人未读完题目抢先举手扣2分。（题目略）

（2）安全知识对与错。

课堂实录

男主持人：看来刚才的快板表演对大家的帮助挺大的，25道题目全部被同学们答对了，也说明同学们现在开始关心交通安全知识了。

女主持人：别忙着夸奖，接下去我还有难题！下面请看道路交通标志看同学们是否知道这几个标志的含义？

男主持人：今天的活动太有帮助了，下次在街上看到它们，我就知道是什么意思了。

女主持人：上面的标志中，有三种颜色——黄色、蓝色、红色。同学们是否知道这三种颜色的意思？

学生：黄色是警告标志，蓝色是指示、提示标志，红色是禁止标志。

男主持人：交通标志是规范行人走路、车辆行车等交通行为的。那么，除了交通标志可保障人们的安全外，你还知道有哪些交通设施可以保障我们的安全呢？

学生：护栏、红绿灯、人行道、地下通道、立交桥、过街天桥等。

女主持人：现在进入全体同学互动时间，请同学们听听下面几种说法对不对，由全体同学一起回答。

1. 我经常在马路边跳皮筋，不会有危险。

2. 小路上车辆少，在那里踢球没有危险。

3. 城里车辆多，要遵守交通规则，我们城乡接合地带车辆少，不遵守交通规则没关系。

4. 交通警察在时，应该遵守交通规则；交通警察不在时，遵不遵守交通规则没关系。

5. 好多人都没有走人行横道，我不走也没关系。

6. 星期天，爸爸要骑车带我去姑姑家，并说："这就不用挤公共汽车了。"

7. 小芳要到街对面的商店买东西，如果走地下通道，就要多走几十米路，而越过护栏穿过马路，这样要近得多。（主持人稍做解答）

（设计意图：通过快速抢答和判断对错的游戏形式，增加课堂的趣味性，吸引学生积极参加，让安全知识入脑入心。）

步骤三：小品欣赏——《人民的好警察》

男主持人：交通安全离不开我们的交警，为了我们的安全，交警们不管在炎炎的烈日之下，还是在凛冽的寒风之中，他们都默默地坚守着岗位，默默地奉献着。下面请看由黄×佳、林×萍、许×风、吴×威等同学表演的小品《人民的好警察》，角色扮演见表1。

表1　人民的好警察角色表

角色	演员	对白
旁白	温×燕	
小波	黄×佳	郭×峰
妈妈	林×萍	罗×青
爸爸	许×风	喻×立
警察	吴×威	李×辉

（旁白）妈妈在厨房烧菜，小波从学校放学回家。

小波：妈妈，我回来了，爸爸呢？

妈妈：你爸爸还没回来呢！

小波：爸爸昨天不是说今天我过生日，他早点回来吗？

（旁白）有敲门声，小波打开门，爸爸手上绑着纱布、脸上贴着纱布由一个警察叔叔搀扶着走进来。

小波：爸爸，你这是怎么啦？跟人打架了？

爸爸：不是，是我自己摔的。

妈妈：摔得这么厉害，是不是从楼梯上滚下来的？

爸爸：不是的，在马路上摔的。

小波：马路上怎么会摔跤，是不是从自行车上摔下来了？

警察：好了，大哥，你还是老实跟他们讲了吧。

爸爸：是我跟汽车撞上了。

妈妈：你被汽车撞了？那司机呢？

爸爸：不是的，是我自己去撞的。

小波：爸爸，你没事吧？好好地你去撞汽车干嘛？

警察：是你爸爸不遵守交通规则才会造成这个结果的！他一手拎着个大蛋糕，只用另一只手扶车把骑车，这本身已经很危险了，可他看到前面黄灯在闪时还强行过马路，结果在过马路时刚好有一辆汽车经过，他来不及刹车，一下子就撞上汽车了。

妈妈：那你撞得怎么样，有没有骨折？有没有脑震荡？

爸爸：我当时一心只想早点回家给小波过生日，没想到却出了车祸。当时我头也晕晕的，人也摔得很痛，吓也吓坏了，躺在地上一下子起不来。幸好有这位交警同志。他处理完现场后，马上拦了辆出租车送我到医院，替我挂号，陪我看医生，拍片子，配药付费，看完后又将我送回来。真要谢谢这位同志啊。

小波：是呀，爸爸你每天叫我骑车要小心，结果你自己却犯错误！

警察：医生说大哥的左手骨折了，不过不是很严重，两天后再去看；头部只是外伤，隔天换一次药。还有，这些是吃的药，共三种。

妈妈：同志，太谢谢你了！你就在我们这儿吃顿便饭吧。

警察：不了，大姐，这是我应该做的。只是希望大哥能记住这次教训，以后千万要遵守交通规则，不要再出现第二次了。

爸爸：警察同志，你放心，我记住了这次教训，下次绝对不会再犯了。你们平时工作这么忙，我已经给你们添了一次乱了，如果还有下次，我还是人吗？警察同志，我真的要好好谢谢你，我自己乱闯红灯犯了错误，可你依然为我忙前忙后，你真是我们的好警察呀！

小波：叔叔，我向您——人民的好警察致敬！

爸爸、妈妈：同志，我们向您致敬！（剧终）

男主持人：刚才的小品很感人，我们的交警真的是新时期最可爱的人！我们一定要爱惜生命，遵守交通规则及学校的各项规章制度。让我们一起努力做一个尊重自己，尊重他人的好学生。

（设计意图：小品生动形象地展示了一个中学生的父亲急着给儿子过生日，左手拎一个大蛋糕，右手握自行车把手横过马路，结果撞上了飞驰而过的汽车，幸好遇上了一个警察把这个父亲送到医院检查后又送回了家的故事。由于不注意交通安全，"父亲"受了伤。所以，同学们，交通安全一定要记心间。）

步骤四：教师总结

教师总结：同学们，"车祸猛如虎"，作为祖国明天的栋梁，你们一定要有交通安全意识，多了解交通安全知识，严格遵守交通规则，让车祸远离你们！生命只有一次，幸福快乐掌握在你们的手中，希望同学们通过这次活动，学会珍惜生命，养成自觉遵守交通规则的好习惯。愿我们的千家万户少些血淋淋的场面，多些欢笑和快乐；愿我们的祖国平平安安，繁荣昌盛！最后让我们一起唱《我们的家》。（班会在合唱声中结束）

（设计意图：班主任总结，"车祸猛如虎"，告诉学生一定要有交通安全意识，多了解交通安全知识，严格遵守交通规则，这样才能让车祸远离我们！）

心理安全系列——自我与自信

梅州市梅州中学　谢 静

【适用年级】

初中、高中。

【教学形式】

心理测试、小组活动、体验式游戏。

【参加人员】

班主任及全体学生。

【活动背景】

当今的中学生，大多是父母的掌上明珠，养尊处优，缺乏对自我和他人的认识，要么容易自大，要么容易自卑，抗逆力低下。本次活动的目的是让学生更好地认识自我和他人，学会分析自己，培养自信，学会与人相处。

【活动目标】

（1）让学生知道自我的含义，以及学会接纳自我。

（2）通过完善自我、肯定自我来扬起自信的风帆。

（3）通过对自我自信的认识达到心理安全的目标。

【活动方式】

趣味测试、游戏、讨论。

【活动准备】

（1）进行团体活动分组。适当调整座位。

（2）活动前询问学生初二（7）班无法做到什么？学生答案是：初二（7）班无法做到超越初二（8）班。

（3）准备课件、视频《温州高三学生跳楼事件》、贴纸和学生测试纸（见附表）。

【活动过程】

步骤一：引入活动

播放视频《温州高三学生跳楼事件》：

2014年3月13日晚上，浙江省温州市平阳县萧振高中发生高三学生跳楼事件，教室里的监控器记录下了当时的情景。从当天监控画面可以看到，学生原本在安静的教室里面学习，也有老师在场。突然一名男生快步跑到窗口跳了下去，原本安静的环境瞬间混乱。男生跳楼后还有生命体征，被送到平阳县人民医院，经抢救无效死亡。

（设计意图：通过视频，震撼学生的心灵，触发他们的思考，引出心理安全的重要性。）

步骤二：心理的含义

（1）播放心理搞笑视频《你敢不敢过？》。

（2）做心理测试"罗夏墨迹测试"。

 课堂实录

（观看完搞笑视频《你敢不敢过？》）

师：同学们，为什么明明没有绳子，可是所有经过的路人都认为有绳子，甚至有些人还真的跌倒了？

生1：因为有"托"在他们面前展示了有绳子，有些人跳，有些人躲，还有些人假装被绊倒了，结果路人都信以为真了。

师：信以为真！这个词用得很好！大家看视频就会发现，一个人假装，可能没人相信，两个人假装，大家将信将疑，三个人、四个人呢？大家就都以为这是真的了，这就是心理作用。下面我们来做一个心理小测验——"罗夏墨迹测试"。

（设计意图：通过搞笑视频，班会气氛由低落沉重转为轻松欢快，同时引出心理的含义和作用。通过心理测试"罗夏墨迹测试"，引导学生在测试的分析中认识自我的多面性。）

步骤三：自我与他人

（1）活动"还形填空"，要求学生在纸上写：我的小缺点是＿＿＿＿＿，虽然这样，我还是喜欢我自己！

（2）活动"优点贴贴贴"，要求学生在小贴纸上写上同学的优点，并贴到该同学的身上。

（设计意图：通过"还形填空"，让学生认识自我，引导学生学会接纳自我的不完美性，同时又能保持对自我自信的认同感。让学生学会发现别人的优点所在，同时又感受到同学眼里自身优点的存在，并在同学的优点轰炸中学会完善自我。）

步骤四：活动"改心大行动"

分别向学生提三个问题：

（1）如果我们初二（7）班无法做到超越初二（8）班，我们差在哪里？

（2）如果我们初二（7）班不想做到超越初二（8）班，因为我们缺什么？

（3）如果我们初二（7）班一定要做到超越初二（8）班，我们应该做什么？

（设计意图：三个问题的讨论过程是从消极的心理暗示到自信的积极心理暗示的转变过程。）

步骤五：班歌自信唱

让学生在本班班歌《最初的梦想》中再次感受班集体和个人自我自信的魅力。

步骤六：课后作业——制作"我自信 我努力"的思维导图

（设计意图：让学生课后继续感受自信的延伸作用，并付之以行动。）

附：

罗夏墨迹测试：你看到了什么？
（附带测试说明）

罗夏测验（Rorschach Test）由罗夏（Hermann Rorschach，1921）所创，国外亦称罗夏墨迹（Inkblot）测验或罗夏技术，或简称罗夏，国内也有多种译名，如罗夏测验、罗夏墨迹测验和罗沙克测验等。

现在西方有几种罗夏测验墨迹图，但公认的还是瑞士第一次出版的10张图。几十年来对罗夏测验做过的许多信度和效度研究，从心理测量学观点看，结果并不理想。罗夏测验的信度和效度研究，可能还有待在方法上，包括人格分析方法上进一步发展，才可能改善信度和效度的结果。

罗夏墨迹测验包括10张用墨水涸成的图片，其中5张是黑白的（1、4、5、6、7），2张是黑红的（2、3），3张是彩色的（8、9、10）。这10张图片按顺序呈现，施测时每次出示一张，同时跟受测者说："要给你看的图片上印着偶然形成的墨迹图像。请你将看图所联想到的东西，不论什么，都自由地、照原样说出来。回答无所谓正确与不正确。所以，请你看到什么就说什么。"

测试者用规定的符合系统详细记录受测者的反应，之后根据记录做出分析。测试常分为四个阶段，即自由反应阶段、提问阶段、类比阶段和极限测试阶段。前两个阶段是每个受测者都必须接受的，后两个阶段是经过前两个阶段仍不能确认受测者的反应类型时才考虑使用的。

在自由反应阶段，测试者尽量避免一切诱导性的提问，只是详细记录受测者的全部反应，包括记录受测者做出第一反应的时间和结束反应的时间。

在提问阶段，测试者要向受测者提出一些问题，这些问题将有助于测试者对受测者的反应类型做出判断。罗夏墨迹测验是根据受测者反应的数量、反应的速度、反应的部位、反应的内容等来评分的，仅根据自由反应阶段受测者的不连贯、经常是含含糊糊的反应，很难对反应部位和反应内容做出准确的判断，也无法准确地评分。因此，需要通过系统的提问来确认受测者的反应类型。

如果经过提问阶段尚不能确认受测者的反应类型，需要进一步通过类比阶段和极限测试阶段来确认。在类比阶段，主要询问受测者的某种考虑是否与其他的反应相类似；在极限测试阶段，则是通过类似自称式测验那样的"是或否"的方式进行提问。直接问受测者是否能看到某种东西。

记录的基本逻辑是：如果受测者的反应方式与多数人相同，即被认为是正常的。如果受测者的反应方式怪异，与其他人差别很大，这个人就可能存在心理障碍。被诊断为患有某种精神疾病的人都具有某种反应类型，而受测者也具有此种反应类型，那么，受测者就可能具有某种精神疾病。

在反应的部位方面，可以记录是属于整体反应还是部分反应，反应的是哪一部分。在反应的内容方面，可以记录反应的形态是运动、浓淡还是色彩中的哪一种。此外，还要记录和评定受测者的反应水平，即受测者的知觉表象与图片在轮廓形态上的一致性。

罗夏墨迹测验最后给出对运动、形态、浓淡、色彩的反应次数的部位图，给出关于受测者的智力、情绪、控制能力、经验类型、一般适应能力与成熟、预后等方面的解释性诊断。

以下为图片展示：

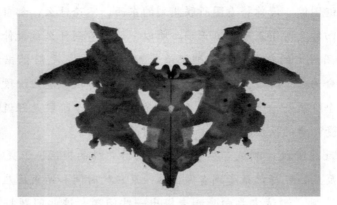

图1

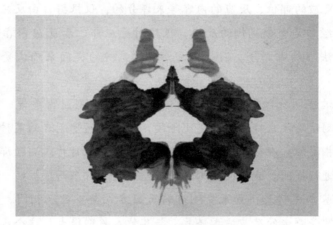

图2

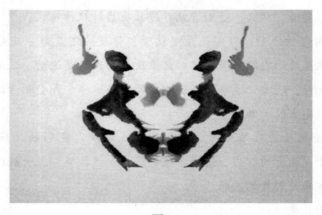

图3

图4

图5

图6

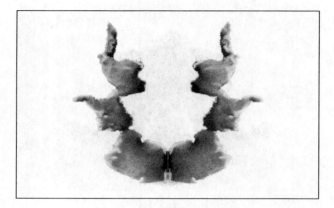

图7

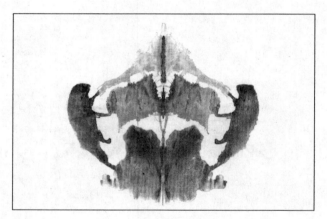

图8

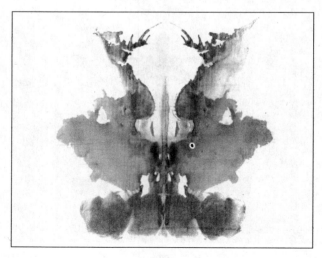

图9

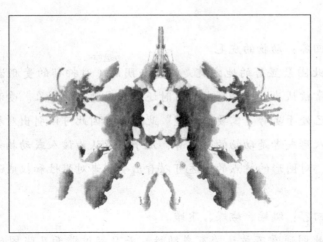

图10

这个测试并没有所谓的"标准答案"，无论看到什么都是可能的，因为不同人的心理都是不一样的，因此如果自己看到的东西和常见的回答不一样也是很正常的。以下的解释只是最浅显的说明，具体内容还是要让有多年经验的专业人士来解释。

图1：

常见的回答：蝙蝠、蝴蝶、飞蛾等。

说明：作为测试的第一张卡片，受测者通常对测试还有所顾忌，因此此图可以看出受测者对于第一次接触的、有压力的任务的反应。但是作为第一张卡片，要回答看到的是什么并不是太困难。

图2：

常见的回答：两个人、一种四条腿的动物（如狗、象、熊）等。

说明：图上的红色的部分通常被看成是血，这也是图上最特别的地方。对此图的回答可以看出受测者对于愤怒、身体伤害的控制程度。此图也可能会让受测者联想到性。

图3：

常见的回答：两个人形。

说明：此图通常被认为是两个人在进行某种活动，对此图的回答可以看出受测者与他人之间相处的情况。如回答得比较慢的话可能意味着受测者与社会的交流有某种困难。

图4：

常见的回答：动物的皮毛。

说明：此图最显著的地方就是深色与阴影（对抑郁的受测者可能会加大难度），通常被认为是一种巨大的有时还具有威胁性的形象。受测者面对此图经常认为自己处于劣势（需要"仰望"此图），因此可以引出对权威的看法。认为此图是人形或者是动物的受测者，几乎一致认为该人或动物是雄性而不是雌性。此外，对图形的特点的表述可以看出受测者对男性和权威的看法。

图5：

常见的回答：蝙蝠、蝴蝶、飞蛾。

说明：此图通常不被认为有威胁性，而且经过前面几张图后，此图明显让人感到有节奏上的变化（使人有所放松）。图片中没有太复杂的地方，因此也很容易得到比较好的测试结果。

图6：

常见的回答：动物的皮毛。

说明：质感是此图最突出的部分，经常能引出人际关系的亲密程度；而且此图是一张"Sex Card"，在此图中看到性的比例比其他任何图都要大——尽管其他图中看到的性的内容要比此图多。

图7：

常见的回答：两个人的头或者脸。

说明：此图可以与女性特质联系起来（图中的人经常被认为是女性或者小孩子），因此可以作为"Mother Card"。对此图回答有困难的受测者可能在生活中与一些女性的关系存在问题。图片中间的细节部分经常（但不是广泛地）被认为是女性的阴道（河蟹），因此此图也能与女性的性联系起来。

图8：

常见的回答：粉色的部分通常被认为是一种四条腿的动物（但可能不是猫或者狗）。

说明：受测者对此图通常感到放松，因此对此图的回答会比较有效率。与图片5类似，可以认为是测试中让人放松的一个转折点。但是此图也有一定的难度。因为有一定的复杂性且是测试中第一张彩色图片，因此对复杂的情景或者情感刺激感到困扰或困惑的受测者可能对此图感到不适。

图9：

常见的回答：人形（橙色部分），也可能什么都看不出来。

说明：此图没有什么特别明显的特质，色彩也是比较发散，有一种模糊的感觉。对此图一般只有一个回答，而且与其他图相比，此图的回答率是最低的（经常认为什么都看不出来）。回答此图有困难的人，一般不太能处理杂乱无章的数据。

图10：

常见的回答：螃蟹、龙虾、蜘蛛（蓝色部分）、兔子的头（淡绿色部分）毛虫、蠕虫、蛇（深绿色部分）。

说明：图片10在结构上与图片8类似，但是其不确定性与复杂程度又能让人联想到图片9。如果受测者不能同时应对几种不同的刺激，他们可能会认为此图很难；反之，他们可能会认为此图让人心情愉快。作为最后一张图，通过让受测者感觉到测试已经结束了，可以看出他们现在的处境，或者得知他们想知道什么。

"火"热实践——锻造安全人生

梅州市梅州中学　温柳丹

【适用年级】

初中、高中。

【教学形式】

实验、讨论。

【参加人员】

全体学生、班主任。

【活动背景】

火灾是社会中容易碰到的危机，但是现在大部分学生防火意识不强，不懂适用各种消防设施设备，缺乏自救互救的能力，通过本次活动，可增强学生面对火灾自救互救的能力，培养学生的团队协作精神。

【活动目标】

（1）使学生学习防火的生活常识，培养有关防范能力。

（2）培养学生的自救互救意识和解决问题的能力，在紧急时刻用自己的经验和知识去保护自己和他人的生命。

（3）通过实践，进一步培养学生的团队精神。

【活动方法】

小组实验、小组讨论、实践展示。

【活动准备】

PPT、挂图（7个小组，每组4张挂图）、酒精灯、现场消防设施。

【活动过程】

步骤一：导入活动

小实验"如何熄灭酒精灯的火苗"，吸引学生注意力和兴趣，然后引出话题——灭火的基本方式，进一步引出怎样防火、救火。

（1）拿出实验酒精灯，第一次点燃，然后问同学们："熄灭酒精灯最直接、简单的方法是什么？"（请一位同学上来示范）。该学生上台，用盖子直接覆盖火苗，熄灭酒精灯，并回答："这是最聪明的方式了。"（由此引出熄灭火苗的其中一种方式——"窒息法"。）

（2）第二次点燃酒精灯，问："还有其他熄灭酒精灯的方式吗？"同学们讨论后回答："吹灭它。"接着请一位学生上台示范吹灭酒精灯。老师先把酒精灯拿到距离那位学生较远的地方，请学生试吹，结果火苗摇曳了几下，又重新燃亮起来，没有熄灭。再把酒精灯拿到近距离试吹，该学生一鼓作气，酒精灯真的熄灭了。

课堂实录

师：小小酒精灯，在近距离是可以被吹灭的。可是用吹的方式，到底能不能熄灭火苗呢？

师：我们点燃酒精灯的时候，用吹的方法，火苗熄灭了还是更旺了？

学生：火苗更旺了，燃烧得更加剧烈。

师：对，同学们都非常聪明，俗话说，风借火势，越烧越旺。所以这种方法是不可取的。（由此引出"吹灭"火苗是错误的做法。）

师：那我们想一想还有其他什么方式，可以熄灭酒精灯？

生：水啊，用水浇啊。

师：非常不错，用水。（由此引出"泼水"熄灭火苗是可取的。）

展示幻灯片，引出灭火的基本方法：

（1）冷却法：水是最常用、最廉价的灭火剂，有迅速冷却降温的作用，但水能导电，因此对电气设备火灾，须先切断电源后方可用水灭火。

（2）窒息法：用沙土、湿衣服、湿棉被、湿毛毯等覆盖在燃烧物上，隔绝空气，使火得不到足够的氧气而熄灭。

（3）隔离法：火灾时，紧急疏散物资，将燃烧物附近的可燃、易燃物品移往安全地带，使燃烧缺少可燃物而停止。

（4）抑制法：将化学灭火剂喷射到燃烧物上，直接参与燃烧反应，使燃烧的链反应中止。灭火器的原理就是这样的。

步骤二：消防实践"校园篇"

（1）展示两组图片，图片为本班学生在学校组织的消防演练中的情况（由老师事先拍下）。秩序比较混乱，有些同学漫不经心。让学生观察图片，看看自己当时的做法有何不妥。

（2）再观看两组视频，"喜羊羊与灰太狼系列消防动漫之消防演习篇""喜羊羊与灰太狼系列消防动漫之逃生自救篇"。然后请学生说出，对比视频，在消防演练中同学们的做法有什么不好的地方。

（不妥之处和正确做法：思想上的麻痹，知识的贫乏，不够重视消防演练。在演习中，应该捂住鼻口，匍匐前进，有序逃生。告知学生一个重要的信息——在火灾中丧失生命的人，90%都是被烟熏死的，而不是被烧死的，所以捂住口鼻相当重要。）

（3）实践：学习了相关内容之后，请一个小组的同学来示范一下怎样进行逃生自救。由"本市某中学教室火灾"案例引出如何扑灭初起火。发放"消防安全进校园"及"一畅两会"挂图，让学生讨论学习并模拟教室火灾，去寻找有利用价值的消防设施，并实践使用"灭火器"和"消防栓"。

2014年3月7日，我市某中学教室发生火灾，幸好发现及时，没有造成严重损失。由此可见，我们经常学习的教室也是容易引起火灾的，那么假设，我们现在教室起火了，你会利用现有的消防设施扑灭"初起火灾"吗？（注意老师提及的是初起火灾，然后解释什么是初起，为什么要扑灭初起火灾。）（展示幻灯片。）

初期火灾即火灾的初期阶段。该阶段可燃物质燃烧面积小，火焰不高，辐射热不强，火势发展比较缓慢，这个阶段是灭火的最佳时机。如发现及时，方法得当，用较少的人力和简单的灭火器材就能很快把火扑灭。注意，如果初期火灾不能在3分钟内熄灭，就要考虑逃生和报警，由专业的消防队来扑灭火灾。

发放挂图，让学生观看视频"喜羊羊与灰太狼系列消防动漫之灭火器使用篇"，学习怎样使用灭火器和消防栓。

学习完毕后，请两组学生跑出教室去寻找现有的消防设施"扑灭"教室的初起火灾。一组去寻找灭火器，一组去寻找消防栓，两组同时进行，并示范使用。（实践过程中，要告知学生注意保护公共设施。）

寻找灭火器组：成员7人，在通力合作拿回灭火器后告知同学们："在每层楼教师办公室门后发现灭火器，而且每个教师办公室后有灭火器。"然后向同学示范使用灭火器的步骤：一提、二拉、三喷、四扫。

寻找消防栓组：成员8人，通力合作，并告知同学们："每层楼的左右厕所，及楼梯口都设有消防栓。"然后向同学示范使用消防栓的步骤。打开箱门，取出水带，展开水带，水带一头接在消防栓接口，另一头接着消防水枪；打开消防栓的水阀开关，对准火源根部灭火。（后两个步骤可以省略示范，告知即可。）

步骤三：消防实践"家庭篇"

（1）挂图学习和观看视频，让学生实践如何报火警。

（2）发放"消防安全进社区"挂图，讨论学习。

（3）播放视频"喜羊羊与灰太狼系列消防动漫之火灾报警篇和家庭防火篇"。

（4）实践：让学生现场示范如何报火警。（火警电话119，说清地址好施救）

（5）实践操作模拟逃生游戏"火灾逃生"、网络在线游戏之火灾逃生小游戏，在线玩。请两个学生上台操作游戏，一人控制游戏，一人讲解内容。

步骤四：知识问答，巩固总结

1. 火灾最大的隐患是什么？

答：思想的麻痹和知识的贫乏。

2. 家庭火灾的主要原因有哪几点？（说出两点即可。）

答：用火不慎，用火设备不良，液化天然气使用不当，家用电器安装和使用不当。

3. 临危逃生的三个基本原则是什么？

答：保持镇静，学会自救，保护自己并不断向外界发出求救信号。

4. 列举四种报警电话名称，并说出号码。

答：火警119，报警110，急救120，交通122。

步骤五：齐唱班歌《我相信》，在歌声中进行反思

教师总结：消防安全是与我们日常生活息息相关的大事情。为了他人和自己的安全，我们一刻也不能忽视。我们不仅自己要自觉做好防范工作，还要向家长和熟悉的人进行宣传，发现身边的安全隐患，并及时纠正，时刻提高警惕，掌握自救方法，提高自护能力，缔造安全人生。

珍爱生命　安全度夏

梅州市梅州中学　曾巧文

【活动适用年级】

初中。

【教学形式】

讲解、表演、小组讨论。

【参加人员】

班主任和全体学生。

【活动背景】

游泳是大家喜爱的消暑解热活动，但学生缺乏游泳安全知识，通过本次主题班会，增强学生的游泳安全意识，提高自救、自护意识，养成自觉遵守预防溺水安全原则的好习惯。

【活动目标】

（1）增强学生游泳安全意识，提高学生自我保护能力。

（2）了解和掌握游泳安全知识。

（3）掌握如何预防溺水和溺水急救措施。

【活动方法】

通过视频、图片展示、老师讲解、学生表演、小组自由讨论等。

【活动重点】

（1）夏天游泳如何防溺水。

（2）掌握溺水急救方法。

【活动过程】

步骤一：引入活动

师：天气逐渐炎热，防溺水安全教育又成为学校安全教育的头等大事。

每年的这个时候，我们经常听到一些溺水事故的发生，看到一些触目惊心、惨不忍睹的灾难在我们身边发生。那我们该怎么预防呢？为了让学生掌握必备的游泳安全知识，增强自救、自护意识，今天利用班会课进行"珍爱生命 防溺水"学习。

1. 展示数据

全国每年有1.6万名中小学生非正常死亡，平均每天约有40多名学生死于溺水、交通事故或食物中毒；溺水和交通事故居意外死亡的前两位；中国溺水死亡率为8.77%，其中0～14岁死亡者56.58%，是这个年龄段的第一死因。

2. 展示有关溺水方面的新闻

6月21日，陕西省紫阳县发生一起5名女学生溺水死亡事故。在死亡的5名学生中，最大的14岁，最小的只有7岁。

6月25日，福建省福安市的3名小学生在溪畔游泳时溺水身亡。

6月29日，四川省达州市3名10岁左右的女学生在水塘玩耍时溺水身亡。

7月1日，河南省商都市3名女学生在水库游泳时溺水身亡。

7月4日，4名16岁左右的初中生在吉林省松花江游泳，3人溺水身亡，一人生还。

师：看了听了这些实例，我想在座的每一位同学心里都不会感到轻松。你是否感叹，是否惋惜，一个生命就这样在世界上消失了？此刻，你在想什么？请同学谈谈你的看法。

步骤二：探讨溺水的原因

1. 什么是溺水？

师：溺水是常见的意外，溺水后可引起窒息缺氧，合并心跳停止的称为"溺死"，心跳未停止的称为"近乎溺死"。这一分类对病情和预后估计有重要意义，但救治原则基本相同，因此统称为溺水。溺水已成为中小学生的"头号杀手"，随着天气逐渐变热，溺水的危险将增加。

2. 溺水原因主要有哪几种？

师：不会游泳；游泳时间过长，疲劳过度；在水中突发疾病尤其是心脏病；盲目游入深水漩涡。在炎热的夏季，许多人喜欢游泳，因为缺少游泳常识而溺水死亡的情况时有发生。

3. 防弱水"六不准"

（1）不准私自下水游泳。

（2）不准擅自与他人结伴游泳。

（3）不准在无家长或老师带队的情况下游泳。

（4）不准到不熟悉的水域游泳。

（5）不准到无安全设施、无救护人员的水域游泳。

（6）不准不会水性的学生擅自下水施救。

步骤三：学习正确的自救和施救方法

1. 万一不幸遇上了溺水事件，同学们切莫慌张，应保持镇静，积极自救

（1）水中切忌慌、乱，如遇抽筋，请保持冷静。当发生溺水时，不熟悉水性时可采取自救法：除呼救外，取仰卧位，头部向后，使鼻部可露出水面呼吸。呼气要浅，吸气要深。因为深吸气时，人体比重降到0.967，比水略轻，可浮出水面（呼气时人体比重为1.057，比水略重）。此时千万不要慌张，不要将手臂上举乱扑动，以免使身体下沉更快。

（2）对于手脚抽筋者，若是手指抽筋，可将手握拳，然后用力张开，迅速反复多做几次，直到抽筋消除为止；若是小腿或脚趾抽筋，则先吸一口气仰浮水上，用抽筋肢体对侧的手握住抽筋肢体的脚趾，并用力向身体方向拉，同时用同侧的手掌压在抽筋肢体的膝盖上，帮助抽筋腿伸直。

2. 若遇到溺水者，同学们该如何处理?

（1）发现有人溺水后，第一时间要大声呼救，召唤更多的人参与救援，多人救援优于单人救援。

（2）如溺水者离岸边较近，并且溺水者还清醒时，可使用竹竿、麻绳、木板等漂浮物或拉扯物在岸边进行救援，千万不要在岸边进行拉人施救。

（3）会游泳不代表会在水中救援。下水救援最好由训练有素的、水性好的、熟悉了解当地水情的人担任。

（4）及时拨打120急救电话，让溺水者上岸后能得到最快的心肺复苏。

（5）没有绝对把握，不要冒险救人，必须在保障自身安全的前提下进行施救，以免造成更大后果！（这点要重点强调）

步骤四：学习正确的急救方法

在救护溺水者时，可按以下方法进行急救：

（1）将溺水者抬出水面后，应立即清除其口、鼻腔内的水、泥及污物，用纱布（手帕）裹着手指将溺水者舌头拉出口外，解开衣扣、领口，以保持呼吸道通畅，然后抱起溺水者的腰腹部，使其背朝上、头下垂进行倒水；或者抱起伤员双腿，将其腹部放在急救者肩上，快步奔跑使积水倒出；或急救者取半跪位，将伤员的腹部放在急救者腿上，使其头部下垂，并用手平压背部进行倒水。

（2）呼吸停止者应立即进行人工呼吸，一般以口对口吹气为最佳。急救者位于伤员一侧，托起伤员下颌，捏住伤员鼻孔，深吸一口气后，往伤员嘴里缓缓吹气，待其胸廓稍有抬起时，放松其鼻孔，并用一手压其胸部以助呼气。反复并有节律地（每分钟吹16~20次）进行，直至恢复呼吸为止。

（3）心跳停止者应先进行胸外心脏按压。让伤员仰卧，背部垫一块硬板，头稍后仰。急救者位于伤员一侧，面对伤员，右手掌平放在其胸骨下段，左手放在右手背上，借急救者身体重量缓缓用力。不能用力太猛，以防骨折。将胸骨压下4厘米左右，然后松手腕（手不离开胸骨）使胸骨复原。反复有节律地（每分钟60~80次）进行，直到心跳恢复为止。

师（总结）：同学们，经过今天的学习，我们掌握了游泳的安全知识、自救、急救和施救基本常识，在周末、节假日或假期里，同学们必须要在家长陪同或相关专业人员陪同下去游泳，希望大家出外游泳时要时刻保持安全保护的意识，要选择安全的游泳场所进行游泳。万一不幸遇到溺水时要保持冷静，积极自救，同时没有把握时不要盲目下水施救，应在陆地上采用其他方式或及时报警和寻求他人进行救护。

戴上安全小黄帽

梅州市梅江区金山小学　邬利红

【活动适用年级】

小学一年级。

【教学形式】

观看视频、知识抢答、小组交流互动、互动游戏。

【参加人员】

梅州中学省名班主任林丹工作室成员、学校领导、全校班主任、学校家长委员会代表人员、各班学生代表、主讲人、202班全体学生。

【教学目标】

让学生了解什么是交通安全小黄帽，掌握一些交通基本常识，遵守交通安全法规的要求；并通过这节交通安全教学的课程，延伸到其他安全问题上，让学生们对保护自身安全的重要性有深刻的认识，增强安全防范意识，提高自我保护能力。

【活动背景】

从学校的教育目标看，交通安全在学校的教育目标中只占一个很小的部分。再则，发生交通事故通常在校外，对学校影响不大，学校没有直接事故责任。因此，学校对交通安全教育重视往往不够，教师对学生的交通安全教育也不进行系统传授，造成学生的交通安全知识不全面，交通安全意识不强。进行交通安全宣传教育刻不容缓，应从小学生抓起，使学生从小就接受交通安全知识教育，达到自己教育自己，自己管理自己，养成自觉遵守交通法规的良好习惯。所以，这节课本着立足小学生交通安全意识的习惯培养，希望学生通过观看交通安全事故视频直观了解交通安全带来的严重后果，引起对交通安全的重视，把基本的交通安全知识植根于脑海中，增强保护自身安全的意识。

【活动目标】

（1）让学生认识什么是交通安全小黄帽，掌握基础的交通安全知识。

（2）通过视频、互动活动和游戏让学生掌握交通安全知识，认识交通安全标志。

（3）让学生认识交通安全危害的重要性，认识交通安全标志的必要性，养成交通安全习惯。

（4）由交通安全教育延伸到其他安全知识，形成安全习惯意识。

【活动方法】

观看视频、知识抢答、互动游戏。

【活动准备】

（1）活动材料准备：小黄帽、视频资料、交通安全棋。

（2）收集交通安全标志图、《交通安全拍手歌》，制作交通安全棋的游戏规则PPT。

【活动过程】

课堂实录

步骤一：观看视频，导入主题

师：（导言）（礼貌地鞠个躬）同学们，你们都是祖国的花朵，在父母的呵护下，在老师的哺育下快乐成长。但是，一些无端横祸正向我们飞来，一些惨不忍睹的灾难就发生在我们身边。请看视频。

（出示小学生交通事故视频。）

师：这一幕幕是多么触目惊心呀！要是我们能够多了解一些交通安全知识，养成交通安全习惯，就可以避免悲剧的发生。

师：那你们知道今天我们班会的主题是什么吗？（出示主题）。

生：戴上安全小黄帽！

师：那什么是"小黄帽"呢？（指名回答）

生：小黄帽就是黄色的帽子。

师：它的作用又是什么呢？（生自由回答）

生1：（自由回答）提醒司机注意有小朋友……

生2：给经过的小朋友让路……

生3：戴上小黄帽我们就安全啦……

生4：戴上小黄帽我觉得我是安全的……

生5：有雾的时候大家看见黄色的帽子就知道前面有人……

生6：那下大雨的时候戴上就更清楚了……

师（小结）：同学们的回答都很对！（出示幻灯片）因为黄色是警示色，佩戴小黄帽，起到了提醒司机的作用，让我们多了一份安全。"小黄帽"不仅成为我们自我约束、自我教育的标志，更可为我们安全上学保驾护航。

（设计意图：通过视频，交通事故的真实呈现敲打学生内心的弦，引起其内心的震动，然后借由视频直接导入主题，提升学生的专注力，让学生明白班会课的主题是交通安全，教师对"小黄帽"这个名词也没有做复杂的讲解，尽量挑简单的句子初步解释"小黄帽"其实就是黄色的帽子，这样的设计让他们更容易理解"小黄帽"的含义。）

步骤二：观看小品《踢球》

师：现在越来越多的同学自觉地戴起了安全"小黄帽"，但还是有一些安全观念比较淡的学生，一次次地丢掉头上戴的安全"小黄帽"。瞧，这里就有一些这样的学生！请大家观看小品《踢球》。

（生1、生2、生3做好准备，在旁待命，生1旁白表演场景，生2、生3表演。）

生1：（旁白）一天放学后，生3背着书包，拿着一个新的足球走在回家的路上，生2在后面追了上来。

生2：哇，好漂亮的球，啥时候买的？

生3：前天，是爸爸给我的生日礼物。

生2：借给我踢踢吧，只踢一会儿。

生3：现在？

生2：对呀，怎么样，舍不得吗？

生3：这可是在马路边，不行呀。

生2：没关系，我只在这路边踢，不往路中间踢。

生3：那好吧！（生2、生3踢球。）

生2：看球！（球被踢到公路中间两个来回）

生3：我的球……都怪你！

生2：没关系，我去捡回来。

生3：那么多车，来来往往，太危险了……

生2：怕什么，你等着。（向公路冲去，恰好一辆车路过……）

（播放汽车急刹车的音效。）

生1：（无限惋惜的声音）一辆疾驰而来的车来不及刹车，狠狠地撞上了奔到马路中间的生2，一条鲜活的生命就这样没了。

师：同学们，看了小品后你觉得他们做得对吗？

生：不对！

师：那他们错在哪里？（指名说）

同学1：他们不该在公路边踢球……

同学2：球掉到公路中间的时候更不应该冲进公路上去捡球……

同学3：生3应该坚持不在公路旁踢球的……

师小结：是啊！这多危险啊！就是因为他们不懂得安全问题，所以才酿成了大祸。

（设计意图：这一环节的设计以学生平时身边的人或自己在人多车多的马路边不留意去做的"踢足球"这件事来敲响警钟，让学生检查自己的平时行为，让他们明白自己平时的行为可能导致的可怕后果，进一步阐释带上安全"小黄帽"的重要性。）

步骤三：看视频，安全知识抢答

师：今天老师请来两位新朋友，他们就是《西游记》中的孙悟空和猪八戒。下面，就让悟空和八戒教大家一些交通安全常识吧！（出示视频）（小学生交通安全教育宣传片时间约5分钟）

师：看完视频，老师来考考你们，看谁记住了最多的交通安全常识。那下面我们进入"安全知识抢答"环节。

（出示题目，老师念题，学生抢答。）

师：行人在马路上靠哪边走才安全？（　　）。

A. 右边 　　　　　　 B. 左边 　　　　　　 C. 中间

生1答：A。

师：公安机关交通管理部门的报警电话是（　　）。

A. 110 　　　　　 B. 119 　　　　　 C. 114 　　　　　 D. 120

生2答：A。

师：交通信号灯中，红灯表示（　　）

A. 可以通行 　　　 B. 禁止通行 　　　 C. 没有意义 　　　 D. 警示

生3答：B。

师：交通信号灯中，绿灯表示（　　）。

A. 可以通行　　　　B. 禁止通行　　　　C. 没有意义　　　　D. 警示

生4答：A。

师：交通信号灯中，黄灯表示（　　）。

A. 可以通行　　　　B. 禁止通行　　　　C. 没有意义　　　　D. 警示

生5答：D。

师：李明今年9岁，可不可以骑自行车上路行驶？（　　）。

A. 不可以　　　　　B. 可以

生6答：A。

师：乘坐两轮摩托车应当（　　）。

A. 正向骑坐　　　　　　　　　　　B. 背向骑坐

C. 侧向骑坐　　　　　　　　　　　D. 以最舒适的姿势骑坐

生7答：A。

师：乘坐公交车时，下面正确的说法是（　　）。

A. 文明乘车

B. 排队上车，上车不推挤

C. 在车上要坐好或站稳扶好扶手

D. 可以将头伸出车外

E. 下车时，车辆停稳后，确认后面没有车辆驶来才可以下车

生8答：A、B、C、E。

师：（小结）"同学们，你们知道的交通安全知识真多！"

（设计意图：这一环节是依照视频设计的，全部抢答题的题目都是按照视频中出现的情景，考查了学生对交通知识的掌握程度，加深他们对交通安全知识的认知。）

步骤四：见多识广（记交通安全标志）

师：同学们，安全要时刻记在心中！如果我们再多认识一些交通安全标志，我们的安全就多了一份保障。接下来，我们就来认识一些交通安全标志，进入"见多识广"这一环节。

出示交通标志，指名识记。

（生回答）

师：同学们真棒！能认识这么多的交通标志。

（设计意图：交通安全标志非常贴近学生的生活。在学生生活的周围到处都是交通安全标志，这一环节的设计把学生带离课堂，从学生身边的细节着手，考查学生平时的观察能力和辨识能力，也让学生了解交通安全标志的指示作用，避免事故的发生。）

步骤五：学生表演《交通安全拍手歌》

师：是啊，生命只有一次，我们要加倍珍惜！交通安全猛于虎，我们要时刻警惕！接下来，全班同学一起来读一读这首《交通安全拍手歌》，让安全时刻陪伴我们身边。

（活动安排：学生共分为六个小组，每组各设一个小组组长，节拍一、二由小组组长两两拍手读，节拍三、四由小组内第二列的学生两两拍手读，紧跟的是五、六拍由第三列的学生两两拍手读，最后七到十拍由所有的同学一起两两拍手读。）

交通安全拍手歌

你拍一我拍一交通安全要牢记；

你拍二我拍二坚持头戴小黄帽；

你拍三我拍三红停绿行保平安；

你拍四我拍四做守交规好孩子；

你拍五我拍五交通事故像老虎；

你拍六我拍六横过马路看左右；

你拍七我拍七不能路上玩游戏；

你拍八我拍八文明行路返回家；

你拍九我拍九要按人行便道走；

你拍十我拍十少儿预防是大事；

你拍九我拍九要按人行便道走；

你拍十我拍十少儿预防是大事。

师：同学们读得真响亮！老师经常说，谁也不知道明天和意外哪个先来，我们不能预料，但我们可以预防，只要我们时刻牢记安全，我们就会有个幸福的人生；我们时刻牢记安全，就会有个快乐的童年。下面我们来玩一个游戏，游戏名字叫作"交通安全棋"，希望通过这个游戏，让我们更加懂得遵守交通安全,让安全时刻牢记在我们的心里。

(设计意图:这首拍手歌朗读起来朗朗上口,意在让学生通过朗读加深对本节课内容的印象,并通过这首拍手歌让学生读出口,读进心里,让安全时时刻刻陪伴学生。)

步骤六:游戏"交通安全棋"

游戏规则:分小组游戏,每组放置一副安全棋,通过掷骰子的方式按照棋图上的路走,最先走到终点的同学为赢。

(小组各自完成游戏。)

(设计意图:本环节的设计意在让学生巩固学习的交通安全知识,达到让学生养成交通安全习惯的学习目标,谨记安全"小黄帽"要戴牢,安全知识要记牢。)

老师总结:同学们,通过这节课,相信你们对交通安全有了一定的认识。除了这些,其实我们身边还有很多需要注意的安全问题,如防火、防电;夏天到了,游泳时,我们要防溺水;雷雨天,我们要防雷,防自然灾害造成的意外;在学校的时候,我们不能上下楼梯追逐打闹,除注意自身的安全外还要注意他人的安全。同学们,老师祝愿你们都能一生平安!